S・セキルバーグ 関暁夫の

都市伝説3

幸せを呼ぶピンクの四葉のクローバー♥

昼間は観光客相手に民芸品屋

休日は友達と楽しいチャット

ネット依存症のせいか？　以前より表に人がいない。

首長族の今

宇宙人の仕業か!?　一人の少女の首にマイクロチップが！

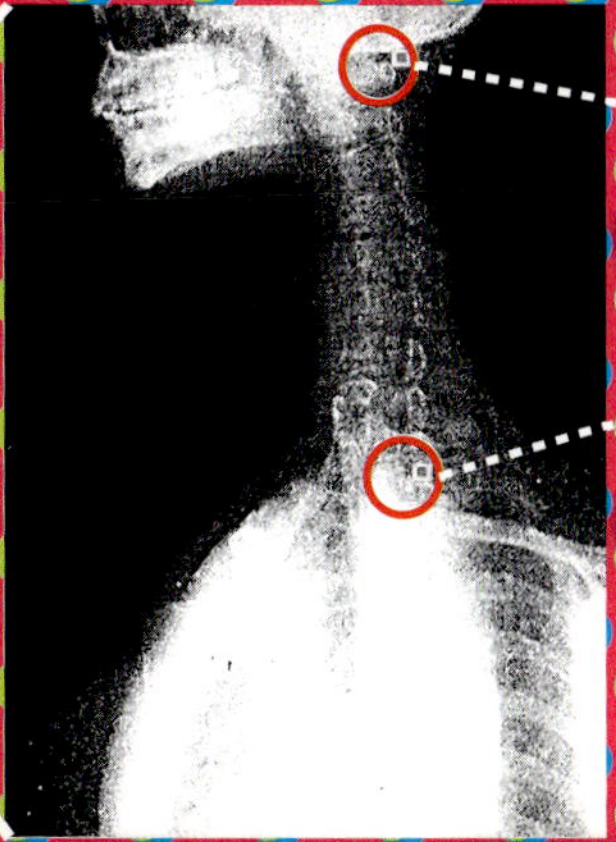

拡大図

拡大図

今、首長族の村はUFOの目撃が多いのだ！

ジョージ・ワシントン・メソニック・ナショナル・メモリアル

政治的建物ではありませんが、この存在感。フリーメーソンとアメリカ政府とのつながりを感じざるを得ません。

内部には、みなさんご存知のアメリカ初代大統領、ジョージ・ワシントン像があり（左上）、実はこの銅像自体にも都市伝説が存在します。何でも後ろにある椅子は『ソロモンの椅子』と呼ばれ、いずれ世界を支配する者が座るという言い伝えがあるのです。はたしてその人物とは一体……!?

信じるか信じないかはあなた次第です。

ケネディー暗殺事件 現場のダラス

暗殺現場。

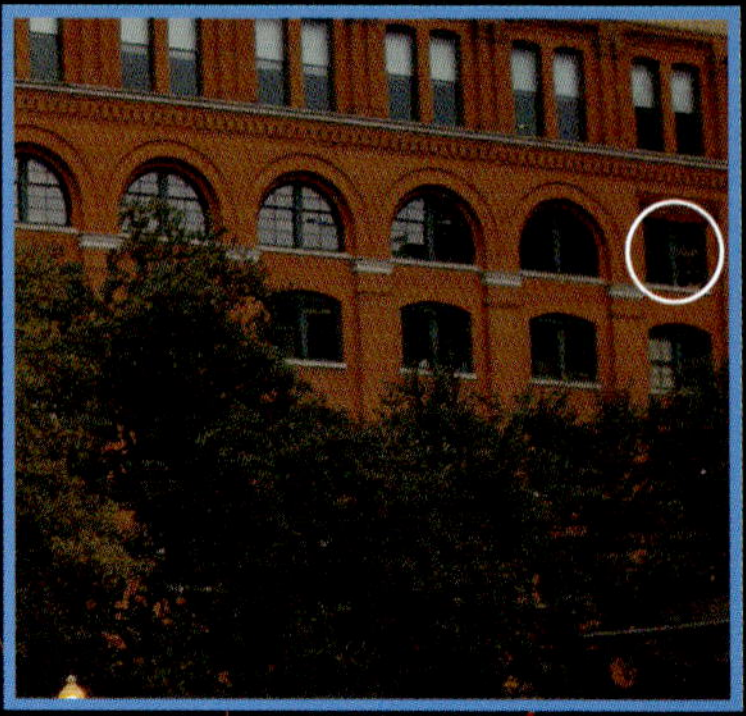

オズワルドが狙撃したと
言われている教科書倉庫ビル。

発砲があったグラシノールの丘。

ザプルーダー氏が
撮影していた場所。

暗殺

全てはこの近距離で起きている。

民主党の鳩山元首相は「友愛」発言を繰り返していましたよね？

坂本龍馬の本当の素顔とは？

S・セキルバーグ

関暁夫の都市伝説3

幸せを呼ぶピンクの四葉のクローバー♥

CONTENTS

目次

【鏡花水月】(きょうかすいげつ)

はかない幻のたとえ。目には見えるが、手に取ることのできないもののたとえ。また、感じ取れても説明できない奥深い趣のたとえ。本来は、鏡に映った美しい花と水に映った美しい月の意。それらは目には見えても見るだけで、実際に手に取ることが出来ないことからいう。

まえがき〜初めて行う「感覚ゲーム」

まず、この本を手にしてくれた方、
本当にありがとうございます。
おかげ様で「都市伝説」シリーズも第３弾です。

今回は、初めて行う**「感覚ゲーム」**です。
すでに始まっていますが、「問題です」。
本文中、あなたは何ヵ所の〝閃き〟があるか分かるでしょうか？
あくまでも言っておきますが、
ここに書かれている内容は、世の中で言われている不思議な話や、
うわさ話、私なりのルートで集めた話のなかからごく一部をまとめた、
いわゆる**「セキルバーグの都市伝説」**です。
本当だと思う人はそれでもいいし、ウソだと思う人もそれでもいい。
でも、火のない所から煙は立たないのです。

そして今回、**見つけると幸せを運んでくれる**
ハートを持ったエンジェル〝幸〟ハッピーがどこかに隠れています。
早く見つけて、あなたの胸にしまってください。

信じるか信じないかはあなた次第です。

第一章

鏡花水月

鏡は真実を映すものなり

ラッキーを呼ぶ方法

最近、関東近郊でキッラキラの派手なタクシーが話題になっているのをご存知でしょうか。

それはスワロフスキーでデコレーションされたタクシー、通称〝デコタク〟。まるで走るエレクトリカルパレードのような一度見れば忘れられない外観、そして車内は王宮のような美しさ。**日本に三台しかない、幻の個人タクシーです。**

デコタクは、以前は大阪で目撃され、一部の人たちの間で話題になっていました。

不景気の中、大阪のタクシー間の競争は特に激しく、いかにお客に乗ってもらうかにみんな頭を悩ませていました。そんな中、ある個人タクシーのドライバーが、娘のデコレーション携帯（デコ電）を見て「これだ！」と思いつきます。そのドライバーはなんと自分の車を、デコ電のようにラインストーンで派手にデコレーションしたのです。

出来上がったのはキラキラ光る驚くほど派手なタクシー。他の運転手からの評判は散々でした。

しかし、このドライバーの直感は正しく、デコタクは大人気になります。

というのも、タクシーにとって一番のお客さんは、キャバ嬢やホステスなど夜のお仕事の女性です。

キャバ嬢らはデコタクを見ると、「カワイイ!」と他のタクシーなどそっちのけで優先して乗ってくれ、予約も殺到したのです。

人気でなかなか乗れないデコタクは、憧れのタクシーになりました。

キャバ嬢らの間では**「五回見ると願いがかなう」**とか、**「五回乗ると金運UP」**という噂が広まりました。中には**見ただけでその日ワンラッキー**が訪れたという人もいました。不景気の中で成功したことから、いつしかタクシー運転手や水商売の人たちの間で「幸せを呼ぶデコタク」と語られるようにもなりました。是非一度は見てみたいものです。

どうしてもデコタクに出会えないという人には、**知り合いの魔術師から聞いた**こんなおまじないもあります。白魔術と黒魔術の両方のエッセンスが入っている、とっておきのおまじないです。

それは**『ラッキー・アンド・アンラッキー』**というものです。うまくいけば、ラッキーが訪れるかもしれませんよ。チャンスは一回です。もし知っている人は知らない友達にやってあげてください。

それでは紙と鉛筆をご用意ください。

そして、願いごとを強く思い浮かべた後に**〝ラッキー〟というカタカナを、素早く十回書いてみてください。**例えば片想いの人なら、好きな人と付き合っているところを強くイメージしてください。その後、**素早くですよ。**

では、どうぞ！

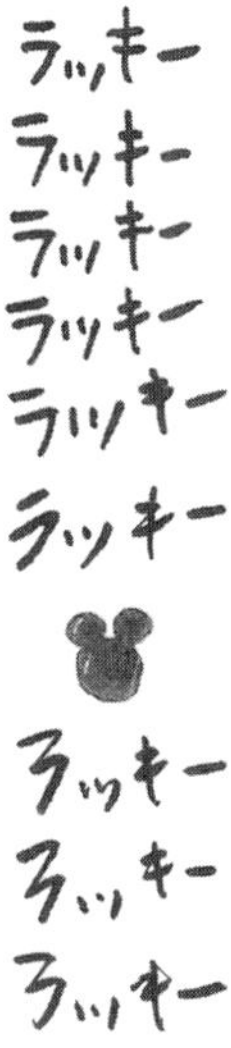

……書き終わりましたか？

では七番目に書いた〝ラッキー〟を見てください。ここがポイントです。それがきれいに書かれてあると、**その日、願いにちなんだワンラッキーが訪れます。**文字がくっついていたり、崩れていたりすると、**その日、アンラッキー**な出来事が起きるそうです。

あなたの〝七番目のラッキー〟は大丈夫だったでしょうか？

さぁ、それではいよいよ、みなさんを不思議な都市伝説の世界へとお連れしましょう！

信じるか信じないかはあなた次第です。

デ○ズニー心理学

デ○ズニーランドって、どうしてあんなに楽しいんでしょうね。これを読んでいるみなさんの中にも、好きな人はたくさんいるでしょう。もちろん、私も大好きです。

書籍第一弾では、デ○ズニーランドがいかに人間の心理を巧みに突いているか、という話をしました。え、覚えていない？ ではもう一度読み返してみてください。夢の国が用意している〝魔法〟は、第一弾で紹介しただけではないのです。ここではデ○ズニーランドへ行く人が掛けられる魔法を解き明かしながら、大人のデ○ズニーランドの楽しみ方をいくつかお教えしましょう。

まずは電車でデ○ズニーランドへ行く人にお話しします。車を使う人には、後ほどちょっとした秘密を教えますので、しばらくお待ちください。

さて、いまあなたは舞浜の駅のホームにいます。デ○ズニーランドへ急ぎたい気持ちを抑えて、電車が発車するのをちょっと待ってみてください。すると聞こえてくるのは、ファンにはおなじみのメロディ。舞浜駅は「It's A Small World」など、デ○ズニーの楽曲を発車メロディに採用しているんですね。

駅に降りたところから、いきなりデ○ズニーの曲が聞こえる。これは否が応でも気分が高まります。ここでワクワクしたあなた、すでにひとつめの〝魔法〟にかかっていますよ。でもこれはまだまだ序の口です。

改札を出ると、**入り口まではしばらく歩かなければいけません。**これ、不思議に思いませんか？　なぜ駅から入り口まで まっすぐに道を造らずに、大きく迂回させるのか？

実はここにも〝魔法〟があるのです。**わざと五分間は歩かせるようにしているのです。**人間が「現実」から「夢の国」へと頭を切り替えるために、**最低限必要な時間**なのです。また、すぐに入れないことで、「ああ、早く行きたい」「楽しみ～」と考える時間ができ、期待もふくらんでくる。そこが狙いです。

さらにさらに……。途中の『ボン・ヴ○ヤージュ』から入り口へ向かう道、実はゆるやかな下り坂になっていています。これ、たまたまではありません。下りになっているのにもワケがあるんです。しかも「ゆるやか」というのがカギです。

下り坂だから、どうしても急ぎ足になりますね。しかし、「ゆるやか」だから**本人はそれほど意識していません。**

ここを歩いていると、**知らず知らずのうちに足がスイスイ進み、鼓動も早くなってくる。**気がつくと「あれ、私、デ○ズニーランドに向かって急いでいて、胸が高鳴っている！こんなに楽しみにしてたんだ」となっているのです。

ここは、**帰りは逆にちょっとした上り坂になります。**夢の国で遊び、心地よい疲労感の中で舞浜駅へ向かう時、**行きとは逆に足が重くなります。**「ああ、体が重い。現実に戻りたくない～」という気分にさせて、相対的にデ○ズニーランドでの時間がより素晴らしく思えてくるんですね。

しかも、その途中にまるで**オアシスのように『ボン・ヴ○ヤージュ』があります。**行きは素通りしても、帰りは離れる寂しさから、ついつい立ち寄ってしまう。**多くの人がこのショップでお土産を買ってしまうのも、見事に計算通りなのです。**でも本当のこの建物の目的は、ゲストのみなさんに帰りに最後まで「駅」という現実を見せないために建てられているのです。

さて、駅から入り口までの話はここまで。耳から刺激を受け、体も魔法にかかったあなたは、すでに早く入りたくて仕方がなくなっています。さぁ、パスポートを買って入場です。

ゲートをくぐり、**テ○ンカー・ベルに魔法の粉を掛けられ、**いよいよ夢の国へ。

ミ○キーをかたどった花壇を横目に歩くと、ワ○ルドバザールへ入る手前に、**実は七つの入り口が用意されているのはご存知でしょうか。**

たいていの人は、そんなことは気にせず、真ん中か、もしくはその両サイド、つまり中央の三つの入り口のどれかから入っていきます。控えめな人や、自分に自信がない人は中央の三つを避け、左右のどちらかから。**特に日本人は左側通行が習慣づいているので、左に行く人が多く、**落ち込んでいる気分を癒しにきたような人の場合は、人ごみを避け、一番端から入ろうとします。実はそんな人を勇気づけるために、**一番左端の入り口にはミニ○のブロンズ像がお出迎えしてくれるのです。**

ちなみにこのミニ○のブロンズ像のベンチで記念写真を撮ると、**少し運気がアップする**と言われています。

さぁ次はワ○ルドバザールへと入っていきます。このワ○ルドバザール、実は右と左とで造りが違うことをご存知でしょうか。

向かって右側は、建物が全体的に角ばっています。『日本食れすとらん○斎』などの店舗も入っていて、現代風のたたずまいです。

逆に左側は、ショップのウインドウが花やぬいぐるみで埋め尽くされていて、全体的に中世っぽい雰囲気になっています。

なぜこうなっているかは、あとあと分かります。

クラブ33を横目に、ワ○ルドバザールを抜けるまでの道が、実は徐々に狭くなっていることにお気づきでしょうか。両脇の建物も入り口と比べると明らかに低くなっています。

これはシ○デレラ城を最もキレイに見せるため、と言われていますが、それだけではありません。ある仕掛けと秘密が隠されているのです。

実は、ワ○ルドバザールを抜けるまでの道は、〝産道〟なのです。

産道とはもちろん、赤ちゃんが生まれる時に通ってくるところです。幅の狭い通路をゆっくりと進み、バザールを抜けた瞬間、どーんとシ○デレラ城が視界いっぱいに広がり、やっと夢の国が始まります。

これは赤ちゃんがお母さんのおなかの中から生まれてくる時の感覚を、疑似体験させているのです。だからワ○ルドバザールを抜けた瞬間に、**生まれ変わったような非常に新鮮な気持ちになる**んですね。

実はデ○ズニーランドの中で、一番の開放感を味わえる場所はココなんです。誰もが警戒心や緊張感が解けて、童心に帰る。つまり、**たとえ大人でも心がスキだらけの状態**になるということなのです。

さぁ、ここからは、一緒に行く彼氏&彼女（または、友達）がどんな人か知りたい人はしっかり読んでください。

デ○ズニーランドには、至るところに人間心理を突くものが詰まっています。

あなたが一緒に出かける人も、ワ○ルドバザールを抜けた時

に、**警戒心がなくなって、本性が丸見えになります。**その時の行動を、よく見ておいてください。

相手がワ〇ルドバザールを出る瞬間、つまり生まれ変わる瞬間に、**さりげなく一歩後ろを歩き、相手の行動パターンを観察するのです。**

行動パターンは三つです。

真っ直ぐシ〇デレラ城へ向かうのか、それとも右か左かどちらへ進むか。

まず真っ直ぐに進む人。これは**自己中心的で、我の強い、プリンセスタイプ**です。

恋愛においてはお姫様でなければ気が済まない。そのため同じような失敗を繰り返してきたことでしょう。シ〇デレラ城を抜けたあとに、右に行こうが左に行こうが、とにかく**〝自分が一番〟**であることには変わりありません。

では左から行く人。つまり時計回りでランドを回る人は、**思い出を大切にするタイプ**です。また一目ぼれしやすく、隣にいる人との未来を描きながら、現実を楽しんでいる。

そして右から。つまり反時計回りに回る人は、**現実主義で、人見知りするタイプ。**恋に落ちるまでに時間がかかり、またお金にシビアな人が多い。ですから、右側は左側に比べショップが少ないのです。

ちなみにデ○ズニーランドは、左半分が過去、右にいくにつれて未来へと進んでいき、ワ○ルドバザールという現在へ戻ってきます。

こんな分析を踏まえて、隣の友達や恋人を観察してみてください。**新たな発見があるかもしれません。**

では最後に、車でデ○ズニーランドへ行く人への耳より情報です。駐車場から『ボン・ヴ○ヤージュ』のほうを見てください。**地上で見られる〝隠れミ○キー〟としては最大**のものが見つかります。

シー側から見ればいいのか、ランド側から見ればいいのか。それはご自分の目で確かめてみてください。見つけた瞬間の喜びが倍増しますからね。ヒントは「木が耳になっている」ということです。

そんな夢の国。まだまだ都市伝説はありますが、それはまた改めて。

信じるか信じないかはあなた次第です。

フリーメーソン～Gの真実1

この本を買ってくれるほど『都市伝説』に興味を持っている方は、もうこのマークについて詳しい説明は必要ないでしょう。初めて見たという人は覚えておいてください。これがあの**フリーメーソンのシンボルマーク**です。

閉ざされたベールの向こうから漏れてきた情報によれば、フリーメーソンの中にはいくつかの組織があるようです。**科学部門を担当している組織が薔薇十字団、そして政治部門を担当しているのがイルミナティ**だとされています。このイルミナティという名称をよく覚えておいてください。

●薔薇十字団（Rosenkreuzer 独：ローゼンクロイツァー）
始祖クリスチャン・ローゼンクロイツによって中世から始まったとされる秘密結社。錬金術や魔術などの英知を駆使して、人知れず世の人々を救うとされる。17世紀初頭のヨーロッパで初めて広く知られるようになった。

イルミナティは天才ユダヤ人アダム・ヴァイスハウプトによって、一七七六年にドイツのバヴァリア（現バイエルン州）に創設。〝人類の完成〟を目標に、二〇〇〇人ほどの会員を集めて政治的な活動をした秘密結社です。ヴァイスハウプト本人を始め、会員のほとんどはフリーメーソンのメンバーでした。なんとルシファー（サタン）を崇拝していたと言われ、**一七八五年、ローマ教皇によってカトリックの教義になじまないとされたことから、表社会の歴史からは消え去りました。**しかしそれはあくまで表面的な話。イルミナティはフリーメーソン内部にその勢力を広げ、いつしか**フリーメーソン全体を動かす最高意思決定機関**になったと言われているのです。

この本の第一弾を読んだ人は思い出してください。アメリカの一ドル紙幣のピラミッドの下にある「MDCCLXXVI」という文字は、ローマ数字で「一七七六」を表しています。一七七六……そう、イルミナティが創設された年です。ピラミッドに目のシンボル、〝万物を見渡す目〟は、フリーメーソンのマークというより、**正確にはイルミナティのシンボルマーク**です。つまり、あの紙幣にはイルミナティの刻印がされているのです。そして第二弾でお伝えしたように、**イルミナティの現在の本部はアメリカ国防総省**、通称ペンタゴン内にあると言われています。

今やみなさんが当たり前に使っているインターネットやバーコードも、フリーメーソ

●1ドル札の万物を見渡す目。

ンによって開発されたという話があります。そしてあのマイクロソフトのビル・ゲイツはイルミナティのメンバーです。**あなたは知らないうちにフリーメーソンと接点を持っているのです。**

ここまで読んで、みなさんの頭の中にはきっと「フリーメーソンはなぜ世界に君臨できるほどの力を持てたのか」という疑問が浮かんでいることでしょう。

その答えは、あのシンボルマークに隠されています。フリーメーソンが世界的な影響力を持つようになった理由を明かしていきましょう。

まずはマークをよく見てください。上向きの三角形はコンパス、下向きの三角形は定規で、いずれも建築道具です。コンパスは真理をあらわし、定規は道徳をあらわしています。中央のGはジオメトリー（geometry）、すなわち幾何学をあらわしているとも言われています。

しかし、ここまではあくまでも表向きの解釈。その奥には、さらに隠された意味があります。石工職人の団体だったフリーメーソンが世界的な力を持つようになった秘密もそこにあるのです。それを知るには次の話をお読みください。

信じるか信じないかはあなた次第です。

フリーメーソン〜Gの真実2

石工職人の集まりだったフリーメーソンはなぜ世界的な影響力を持つ組織に成り得たのか。

それは、フリーメーソンが、**代々キリストの末裔を匿(かくま)ってきた組織**だからです。

キリスト教において、長い間大きな力を持ち続けているのはカトリック教会です。教皇は自らを〝イエス・キリストの代理人〟として、キリスト教が広まった西洋社会では世俗の王以上の権力を持っていました。

そんなところにキリストの子孫があらわれたとしたら？　キリストの子孫をかくまう組織が表に出てきたら？　教皇のキリストの代理人としての権威は確実にゆらぎ、社会への影響力も失われてしまいます。カトリック教会が昔からフリーメーソンを敵視していた理由はこれです。カトリックの神父の中にもフリーメーソンのメンバーはいて、バチカンにもその影響はおよんでいますが、**表向きは今でもカトリック教会は反メーソン**なのです。

歴史を振り返ってみると、カトリック教会に異端として解散を命じられ、弾圧された騎士修道会がありました。テンプル騎士団です。**このテンプル騎士団こそが、フリーメーソン、そしてキリストの子孫の存在を解き明かすカギ**を握っているのです。

一〇九六年の第一回十字軍によって、イスラム教社会の都市となっていたエルサレムが、ふたたびキリスト教社会であるヨーロッパの支配下になりました。テンプル騎士団はその聖なる都エルサレムを守り、**エルサレムへの巡礼者を保護するためにカトリックの修道士によって創設されました。**ソロモン神殿があったという丘に騎士団本部が置かれたことから、テンプル（神殿）騎士団という名前になりました。

秘密の入会儀式によって騎士団への忠誠を固く誓い、戦死こそが天国へのパスポート

●テンプル騎士団～ジャック・ド・モレー

であるという信念から高い士気と勇敢な心を養い、いつしか最強の騎士団と呼ばれるようになりました。**また巡礼者が現金を持ち歩かなくても旅ができるように、資産を預かって各地の支部で自由に引き出せるというシステムを作り、さらに集めた金を融資することで莫大な富を持つようにもなった**のです。これが銀行システムの原型とも言われていて、それが今でも引き継がれているわけです。**あなたのお金もフリーメーソンの資金になっている**かもしれません……。

話を戻しましょう。

エルサレムがまたイスラム教国であるエジプトに奪われると、騎士団は本部をパリへと移すことになります。しかし一三〇七年、テンプル騎士団は悪魔崇拝を行なう異端組織としてフランス王から弾圧され、一三一二年には教皇から正式に禁止されてしまいました。財産は没収され、多くの騎士たちは処刑され、**騎士団総長のジャック・ド・モレーも火あぶりの刑で殺されてしまう**のです。

この弾圧をなんとかやりすごした生き残りは、当時カトリック教会と対立していたスコットランド王のもとへと逃げていきました。そしてその地で石工たちの職人組合の中に身を隠したのが、現在へと続くフリーメーソンの直接的な始まりだとされています。

テンプル騎士団はエルサレムのソロモン神殿跡から、古代の知識を発見し、また最後の晩餐に使われたという聖杯や、キリストがかけられた十字架を発掘したと言われています。そして同時に彼らはそこでキリストの子孫を発見して、密かに自分たちが仕える主君としたのです。ローマから遠く離れていた時には気づかれなかったのですが、パリへと本部を移した時にそれがばれてしまい、自らの権威がゆらぐことをおそれた教皇によって騎士団は滅ぼされることになったのでした。

しかしイギリスに逃げた生き残りは、古代の知識、没収されなかった隠し財産、金融に関する知識と経験、そしてなによりキリストの末裔というキリスト教社会における最大、最高の権威を武器に、フリーメーソンとして表社会、裏社会で力をつけていき、**フランス革命や宗教改革などを陰から操って、世界を支配する**ほどになっていったのです。

そしてフリーメーソンはキリストの子孫を匿(かくま)っていることを、**シンボルマークのデザインに組み込んで示しているというのです。**

『ダ・ヴィンチ・コード』にも出てきたように、**一般的に昔から上向きの三角形（∧）は剣、すなわちペニス＝男性を表し、下向きの三角形（∨）は杯、すなわち子宮＝女性を表している**といいます。

これがフリーメーソンのシンボルマークでは、∧は父なる神、∨は聖母マリアを意味し

 第二章「P69」へ

ます。そしてその両者が交差した真ん中にあるG……**これは、神(God)の子であるイエス・キリストを示している**というのです。本当にキリストの子孫を匿(かくま)っているのでしょうか？

長い歴史を持ち、さまざまな組織と深く広く関わりがあるフリーメーソン。その全貌は秘密結社ゆえに当然公開されていません。何がウソで、何が本当なのか、メンバー以外一〇〇%知ることが出来ません。いや**メンバーでさえ、完全に知っている人はほとんどいない**でしょう。

信じるか信じないかはあなた次第です。

東京タワー フリーメーソンと 売れっ子ミュージシャン、 時々イルミナティ

第一弾で、東京タワーとフリーメーソンの話にチラリと触れましたが、今回は別の角度からお話しましょう。

東京タワーといえば、すぐ近くにフリーメーソンのグランドロッジがあります。これはみなさんよくご存知でしょう。

実は東京タワーの建設には、アメリカ、そしてフリーメーソンの影響があったという話

があるのです。

第二弾でお話しした通り、第二次世界大戦後、アメリカは日本が二度と手ごわい敵として立ち向かってこないよう、さまざまな仕掛けを作りました。**その中でも大きな役割を果たしたのがメディアを使った洗脳**です。新聞やラジオを通じて、国のために戦うことは悪だと洗脳していき、戦争に関わった人たちを「戦犯」として悪人に仕立て上げ、日本に強く根付いていた**愛国心を崩壊させていった**のです。

電波を使った洗脳は、さらにテレビでも行われるようになります。テレビ局が初期の頃にアメリカのドラマをやたらと流していたのは、単に放送する番組がなかったからではありません。**愛国心よりも「アメリカへの憧れ」を日本人に植えつけるため**だったのです。

そしてそのテレビの電波を、より広い範囲に届けるために造られた装置、それが東京タワーなのです。

大統領を始め、アメリカの政府高官にフリーメーソンのメンバーがたくさんいることも、この本を読んでいる皆さんはよくご存知でしょう。フリーメーソンには全部で三三の階級が存在しますが、東京タワーが完成したのは昭和三三年。そして高さは三三三メートル。これは偶然ではなく、そうさせられたのです。**東京タワーは、フリーメーソンが日本を支配している象徴でもある**のです。

●主なフリーメーソンの大統領

初代ジョージ・ワシントン、第３代トーマス・ジェファーソン、第４代ジェームス・マディソン、第５代ジェームス・モンロー、第７代アンドリュー・ジャクソン、第13代ミリヤード・フィルモア、第17代アンドリュー・ジョンソン、第20代ジェームス・ガーフィールド、第25代ウィリアム・マッキンレー、第33代ハリー・トルーマン、第36代リンドン・ジョンソン、第38代ジェラルド・フォード。

さて、その東京タワーの中に、なぜか蝋人形館があります。ビートルズなどの有名どころから、ピンク・フロイドやキング・クリムゾンなどの渋めなミュージシャン、さらにはジェスロ・タルやファウストといった**誰が分かるんだろう**というミュージシャンまでが蝋人形となって展示されています。いずれはマイケル・ジャクソンの人形も飾られることになるのでしょう。

実は東京タワーにロックミュージシャンの蝋人形が展示されているのは、偶然ではありません。**世界的に有名なミュージシャンのほとんどはフリーメーソンのメンバーであり、フリーメーソンをさらに影から支配しているというイルミナティの配下にある**のです。ビートルズも例外ではありませんでした。

ビートルズはイギリスのバンドです。しかしイギリスだけで活動していては人気にも儲けにも限度があります。そこで世界的に成功するために、より収益を上げるために、**彼らはフリーメーソンと手を組んだ**のです。そして彼らを全世界で売り出すための仕掛けの裏にいたのが、イルミナティだと言われているのです。

ではどんな仕掛けがあったのか。

ビートルズの大ブームは、**イギリスのタビストック研究所の技術**を使ったから、という説があります。タビストック研究所は、フリーメーソン、イルミナティと深い関係があると言われる**ロックフェラー財団から資金提供を受け、人間の心理を研究している組織で、薬物、電波や音波などによる大衆コントロール術、洗脳術を開発している**のだそうです。

ビートルズといえば、ファンが異常なほど叫び、失神する映像が有名ですが、**実はあの映像こそ、タビストック研究所の〝力〟が現れたもの**だったのです。アメリカで「ティーンが異常なほど熱狂している」という話題を作るために、なんと**コンサート中にＬＳＤをばらまき、観客をトリップさせ、熱狂するよう演出した**というのです。

その様子がテレビなどのメディアを通じて人々に届けられると、よく知らない人まで「これはスゴイ」と強烈な印象を受け、「彼らにはすごい人気がある」と思い込みます。また、人が失神する映像を見た人は、「こういうファンとしての愛情表現方法があったんだ」と思って自分も失神してみせ、その映像がまたメディアで流れ、失神ファンの話題が拡大していきます。**思い込みは流行となって定着し、見事に彼らの人気は作り上げられていったのです。**

●タビストック研究所

●ロックフェラー財団（Rockefeller Foundation）
石油王ジョン・ロックフェラーの遺志により、人類の福祉の増進、教育を活動目的として 1913 年に設立された慈善事業団体。ロックフェラー医学研究センター（後のロックフェラー大学）などを設立。

ただしそのビートルズの中でも、**ジョン・レノンだけは最後までイルミナティに加わることはありませんでした。**

成功のためにフリーメーソンには入った彼でしたが、そこからさらにイルミナティに加入するのは、いくら勧誘されても断わっていたそうです。**ビートルズ解散の原因も、実はここにあります。**世界支配を目指すイルミナティを嫌悪するジョンと、イルミナティに加わった他のメンバーとの反目が解散の原因なのです。

一人になったジョンはその後、平和や反戦のメッセージを前面に出した歌を発表し続けます。中でも「イマジン」は大きな反響を呼びました。**そしてそれがイルミナティの怒りを買ってしまい、活動再開の時期に合わせてマーク・チャップマンを使って殺されることになったのです。**

アメリカとソ連、東西冷戦の真っただ中で、西側諸国では反共産主義があおりたてられていた時代です。ベトナム戦争などの共産主義との戦いが、アメリカの一番の関心ごとでした。そして共産主義は、イルミナティにとっても憎むべきものでした。そんな中で左翼的な思想や反戦を訴え、しかも世間に影響力を持つジョン・レノンの存在はとても目障りだったのです。

想像して下さい。**北朝鮮の真ん中で民主主義を求める歌を歌ったらどうなるか？** 自由を讃える歌を歌ったらどうなるか？ 生きて帰ってこれないでしょう。

同じように、この世界でイルミナティの意志に逆らって、自分の意志で**世界に影響を与える歌を歌ったなら消されてしまう**のです。伝説的なレゲエ・ミュージシャン、ボブ・マーリーやピーター・トッシュもそうやって殺されたといいます。**薬物による中毒死や自殺をしたミュージシャンの中には、本当は殺された人も多いのです。**

ライブに行くとよく分かりますが、ミュージシャンは音や映像や光で人々の心を魅了します。実はこれ、洗脳と同じようなことをやっているのです。**その世界でカリスマになるような人物には、当然イルミナティからお誘いがかかります。**しかしその誘いを断り、**彼らの狙いとは違うメッセージを伝えようとすれば、邪魔者として排除**されてしまいます。

そして二〇〇九年にまたひとり、そんなミュージシャンが亡くなりました。

詳しくは次のページでお話しましょう。

信じるか信じないかはあなた次第です。

マイケル・ジャクソンはなぜ死んだ

マイケル・ジャクソンが突然亡くなったのは、二〇〇九年六月のことでした。病気や事故などではなく、まったく突然の死でした。しかも死因はすぐに公開されませんでした。結局、マイケルに睡眠薬を処方していた専属医師の証言から、数種類の薬を複合したことによる中毒死だったと結論づけられてようやく事態は沈静化しました。ギネスブックに「史上最も成功したエンターテイナー」と認定され、キング・オブ・ポップと呼ばれて多くの人々から愛されたマイケルは、なぜ突然死んだのか。本当にただの投薬ミスによる事故にすぎなかったのでしょうか？　いいえ、そうではありません。**彼は殺されたのです！**

そこで出てくるのは、そうイルミナティです。

マイケル・ジャクソンも、ジョン・レノン同様、長い間イルミナティからの勧誘を断わり続けていたといいます。そしてロンドンでの「THIS IS IT ツアー」の公演で、彼はある発表をしようとしていました。いったい何を言おうとしていたのか？

実は彼は少し前に、イスラム教徒になっていたのです。そのことを発表しようとして、その影響力を恐れる人たちに殺されてしまったのです。

六〇年代のジャクソン５の時代から九〇年代を通して、マイケルは数多くのヒット曲を世に送り出しました。

イルミナティはまだマイケルが子供のうちから目をつけていたそうです。他愛のないラブソングを歌っている間は、誘いを断られてもイルミナティは放置していました。しかし九〇年代に入って、**メッセージ性の強い歌が発表されるようになると事情が変わってきました。**

特に「THEY DON'T CARE ABOUT US」という歌には、ひときわ激しい反応を示しました。ミュージックビデオを観た人には分かるでしょうが、さまざまな差別、虐殺、暴力が映し出され、それへの反対を訴えた歌です。ところがただ歌詞にジュー

●「スリラー」のマイケル・ジャクソン

（ユダヤ人への蔑称）という言葉があるというだけで、なぜその言葉が使われているのかも無視して、マイケルは反ユダヤ主義者だとして攻撃されることになったのです。

さらに**二〇〇〇年代に入ってブッシュが大統領になると、ますますマイケルの活動はせばめられていきます。**この頃、マイケルはほとんど何も出来なかったでしょう。ホテルのバルコニーから、息子とされている赤ん坊をファンに見せたことが幼児虐待だとして非難をあび、少年ファンに性的虐待行為をしたという疑惑で逮捕され、何度も裁判をおこされるなど**スキャンダルがでっちあげられていきます。**様々な形で中傷を受け、嫌がらせをされ続けたのです。どれもすべて事実無根であったことが今では分かっています。

九・一一テロ事件以降、アメリカではイスラム教徒への反感が広まりました。そうした反イスラム感情と、核開発問題をめぐる反イランの風潮——これは次の〝敵〟を作り、戦争をしかけるための動きだと考えられるのです。共産主義という敵に替わって、イスラム教という敵が作りあげられている、ということなのです。

ブッシュ大統領はアフガニスタンとイラクに戦争をしかけましたが、**そういう情勢下にも平和を歌いあげるマイケルの存在は、とてもジャマだったのです。**数々のスキャンダルがでっちあげられ、マイケルの活動が妨害されていた裏には、こういう事情がありました。

ブッシュが大統領を退くと、マイケルは再び活動を始めました。そしてアメリカやヨーロッパの白人社会にはびこる反イスラムの風潮を打ち消すために、ロンドン公演で自分がイスラム教徒になったことを発表した上で、世界中から宗教的、人種的反目をなくそうと呼びかけるつもりだったのです。

圧倒的な人気を誇るマイケル・ジャクソンの言葉です。どれだけの影響が出るか計り知れません。きっと宗教対立を乗り越えて、平和を求める動きがあらわれたことでしょう。

しかし、**反イスラム感情を利用してイラン攻撃を正当化しようとしている連中にとっては、そんなメッセージを伝えようとする者は目障りでしかありません。**だからジョン・レノンの時と同じように、マイケルも殺されてしまったのです。

ジョン・レノン、マイケル・ジャクソン、彼らは平和を訴え、理想を世の中に残しました。これからも彼らは伝説となって語り継がれることでしょう。しかしいかに高い理想であっても、権力の前には無力でした。力を持つ者に逆らえば、たとえカリスマであってもあっさりと殺されてしまうのです。そういう非情な現実がこの世の中にはあるということから、目を背けてはいけません。**理想だけでは生きていけない世界**に、残念ながら私たちはいるのだということを覚えておいてください。

信じるか信じないかはあなた次第です。

ライ麦畑でつかまえたものは？

先ほどの話の中にも出てきた**ジョン・レノンを殺したマーク・チャップマン**。ジョンの熱狂的ファンでありながら、なぜ彼は凶行におよんだのでしょうか？

CIAによって洗脳されたからだとか、ただの精神異常者だとかさまざまな説が飛びかっています。そんな彼が殺人犯としてニュースで流れた時、そのテレビ画面を見て驚いたひとりの小説家がいました。

それはスティーブン・キングです。

なぜなら画面に映るその男は、いつもキングにつきまとっては写真撮影をねだったり、サインをねだったりしていた男だったからです。彼からのファンレターにはこう書かれていました、「I'M YOUR NO.1 FAN（俺があんたの一番のファンだ）」。もしかしたら自分もチャップマン

●洋書『the CATCHER in the RYE（ライ麦畑でつかまえて）』ジャケットより。

に殺されていたかもしれないと思うと、キングは心の底から恐怖を感じたのでした。その体験から生まれたのが、映画にもなった『ミザリー』です。異常な愛情を持ったファンに監禁される小説家の話です。

今ならストーカーと呼ばれるにふさわしいチャップマンですが、彼はジョン・レノンを殺した時、現場に警察が来るまで大声を出して本を読み上げていたそうです。

その本とは、彼が影響を受け、愛読していたという『ライ麦畑でつかまえて』です。

サリンジャーが一九五一年に発表した小説で、既存社会に反感を抱くドロップアウトした青年を主人公として描き、多くの若者の共感を呼んだ作品でした。この小説を愛読していたのはチャップマンだけではありません。

ケネディ大統領を暗殺したとされるリー・ハーヴェイ・オズワルドや、女優のレベッカ・シェイファーにつきまとい殺害し、ストーカーという言葉を社会に定着させることになったロバート・ジョン・バルドも『ライ麦畑でつかまえて』の愛読者でした。

レーガン大統領暗殺未遂事件のジョン・ヒンクリーもまたそのひとりです。

ヒンクリーは映画『タクシードライバー』を見て、出演していたジョディ・フォスターに偏執的な愛情を抱くようになりました。そして彼女の周辺をつ

●暗殺事件の現場とレーガン大統領（右）。

けまわし、なんとかして接触しようとしたのです。

しかし手紙や電話など、すべてのコンタクトを無視されると、彼女の気を引くために大きなことを起こそうと考えました。それがレーガン大統領暗殺だったのです。

ジョディ・フォスターはこの事件にショックを受け、一時期映画界を離れたほどです。彼女の代表作『羊たちの沈黙』では、天才にして精神異常者のハンニバル・レクター教授と交流するFBI訓練生の役を演じましたが、その演技にはヒンクリーとの体験が役立ったのではないかとも言われています。


その『羊たちの沈黙』、ポスターには女性の口の部分に蛾があり、ドクロのような模様が入っていることに気づくでしょう。でもよく見るとそれはドクロではないのです。

実は裸の男一人と、女二人が寝ている姿なのです。

テレビのCMや広告には、潜在意識をくすぐるサブリミナル・メッセージが隠されていることを、私は今まで何度も話してきています。これもその一つなのです。


普通なら女性の口元に蛾がいると思うだけでしょう。カンが鋭い人ならその蛾にドクロの模様があることにまで気づきます。ところが、猟奇的な殺人を犯すような人たちは、そこからさらにドクロの中までのぞき込み、何らかのメッセージを受け取ってしまうのです。

つまり**三つ目の扉を開けてしまう**のです。この『羊たちの沈黙』のポスターは、そうした犯罪心理を持った人たちに向けて、挑発的なサブリミナル・メッセージが込められているものなのです。

●『the silence of the lambs（羊たちの沈黙）』ポスターアートより。

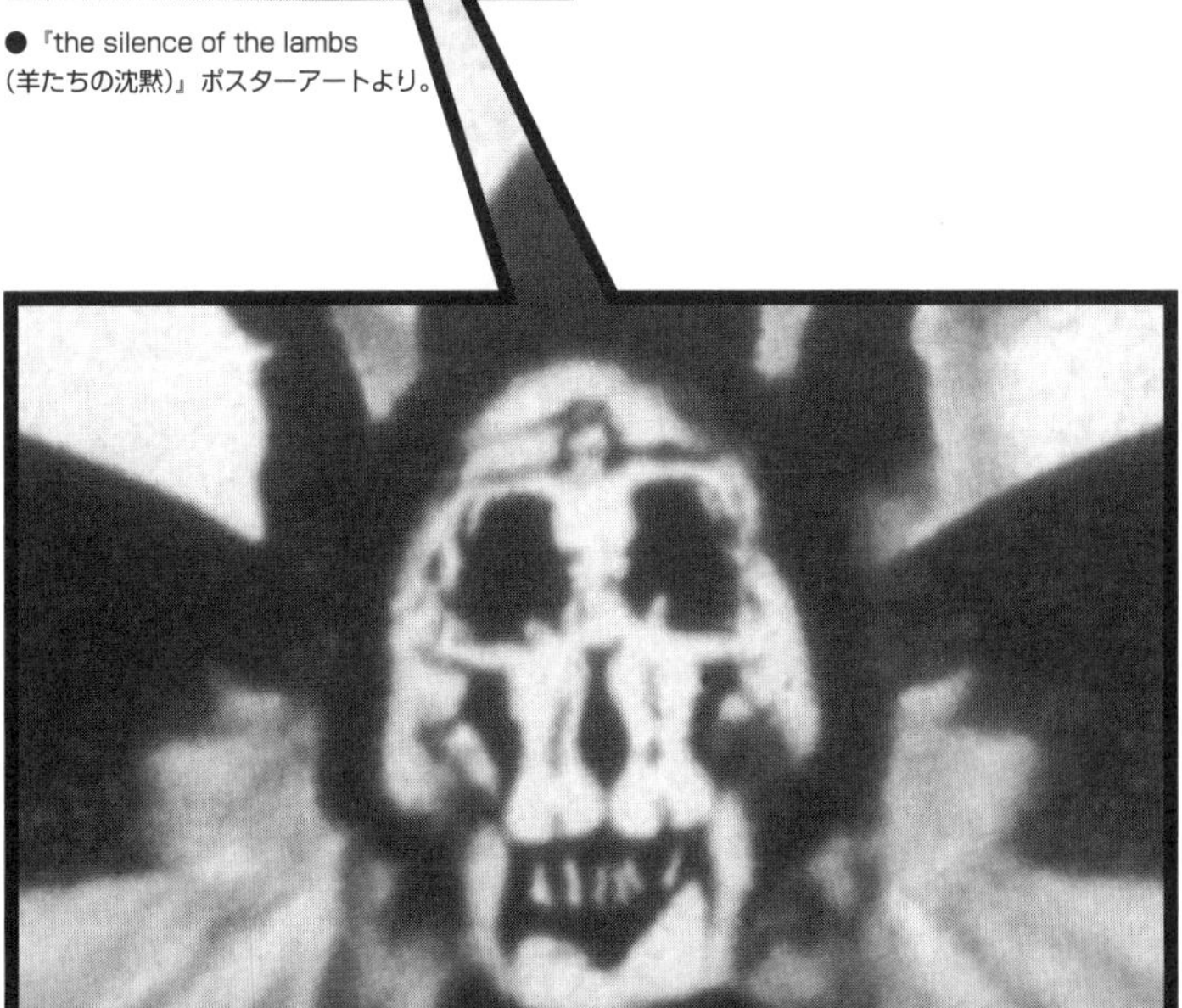

これと似たようなものが、多くの殺人犯たちの愛読書である『ライ麦畑でつかまえて』にも隠されているのです。翻訳で読むと分からないのですが、原書で読むと殺意をあおりたてるようなメッセージがあるのです。

この小説を読んで犯行に走った人間には共通点があるのが分かりますよね。皆ストーカーと呼ばれるような、執着心が強い人間ばかりなのです。そういうタイプの人間が『ライ麦畑でつかまえて』を読むと、ますます執着を強め、欲望のまま行為に走らせるようなメッセージをつかまえてしまうのでしょう。

英語が出来て、自分はちょっと独占欲が強いと思う人は、試しに読んでみてはいかがでしょうか？　もちろんその後の責任は、僕は取りませんが。

英語は出来ないけど、自分にもそうした犯罪心理があるかどうか試してみたいという人は、次のテストなんかいかがでしょうか？

都市伝説第一弾で、連続幼女殺人犯の宮崎勤が考案したという心理テストを紹介しましたね。

「夫婦と子供の三人家族がいて、夫が亡くなってしまい、その夫の葬儀に参列していた男に、未亡人となった妻は一目ぼれをしてしまう。数日後、妻は自分の子供を殺すのですが、それは一体なぜでしょうか？」

普通の人なら「再婚するのにジャマだったから」と答えるでしょうが、犯罪者の素質を持った人は「息子の葬儀でその人とまた会えるから」と答えるというものでした。

それでは今回、もう一つ紹介します。

「サッカーが好きな少年がいます。
クリスマスにサンタクロースから、とてもいいボールをプレゼントされました。
しかし彼には全く喜ぶそぶりがありませんでした。それは一体なぜでしょうか？」

さてあなたはなぜだと思いますか？

すでにボールは持っているとか、スパイクの方が欲しかったとかですか？
ちなみに犯罪者の素質を持った人はこう答えるのだそうです。
「その子には足がなかったから」と。あなたは大丈夫でしたか？

信じるか信じないかはあなた次第です。

ケネディ暗殺の真相～基礎編

二〇世紀最大のミステリーと言っていいケネディ暗殺事件。その真相は二〇三九年に公開されるウォーレン報告書によって明かされることになりますが、「そんな先まで待ってられない」というあなた。分かっています。この本を買ったのは、そうした真相をいち早く知りたいからですよね。だからここで私が事件の真相を明かしてしまいましょう。「ウォーレン報告書」ならぬ「セキルバーグ報告書」です。

ただし、事件を理解するためには、「アメリカとは？」を理解していなければなりません。そこでここでは、まず基本的なことを振り返っておきましょう。

さて、まずは超有名な銅像についての話からです。

●ジョン・フィッツジェラルド・ケネディ
第35代アメリカ合衆国大統領。1917年5月29日生、1963年11月22日没。1961年に、20世紀生まれで初、史上最年少の43歳で大統領に就任。カトリック系でも初の大統領となるも、2年後の1963年、遊説先のテキサス州ダラスで暗殺された。略称「JFK」。

ニューヨークにある自由の女神像は、アメリカ合衆国の独立一〇〇周年を記念してフランスから送られたということは有名ですが、よくよく考えると、なぜフランスがアメリカの独立を祝っているんでしょうね？　そこにどんなつながりがあったんでしょう？

実は、この話が語られる時に、いつも伏せられている言葉があります。それは「フリーメーソン」。自由の女神像は、実はフランスのフリーメーソンからアメリカのフリーメーソンへと贈られたものなのです。

ではなぜフランスのフリーメーソンがアメリカの独立を祝うのでしょう？　**それはアメリカ合衆国が、フリーメーソンによって作られた国**だからなのです。

一〇〇ドル札に肖像が使われているベンジャミン・フランクリンは、日本では雷が電気であることを明らかにした発明家として知られていますが、それよりもアメリカ独立につくした政治家としての方が有名です。フランクリンはフリーメーソンのメンバーで、イギリスから独立する際、フランスのフリーメーソンに頼りました。そしてこの求めに応え、アメリカ独立戦争に参加したラ・ファイエット侯爵も、フリーメーソンのメンバーでした。

●自由の女神像
今は外されてしまっているらしいが、女神像に設置されていた銘板には「ニューヨーク州メーソンのグランド・マスター、ウィリアム・A・ブロディによる儀式とともに起工された」という文章と、フリーメーソンのマークが刻まれていた。像の製作者、フレデリック・バルトルディはフリーメーソンのメンバー。

フランスなどの協力を得たアメリカは、イギリスとの戦争に勝利し、独立を勝ち取りますが、独立宣言に署名した五六人のうち、実に五三人までがメーソンであったと言われていて、初期の大統領はほとんどがメーソンメンバーです。以後もフリーメーソンは大統領を輩出し続けており、シンボルマークが**ドル紙幣に堂々と刻印されるくらいアメリカで強い力を持っている**のです。

さてフリーメーソンのメンバーであった大統領のうち、第十七代アンドリュー・ジョンソンと第三六代リンドン・ジョンソンにはある共通点があります。同じ姓というだけではありません。**二人とももともと副大統領で、当時の大統領が暗殺されたために大統領へと昇格した人物**です。その暗殺された大統領とは、そう、エイブラハム・リンカーンとジョン・F・ケネディです。**彼らの暗殺にはフリーメーソンが何か関与していたの**でしょうか？

信じるか信じないかはあなた次第です。

●ラ・ファイエット侯爵マリー＝ジョゼフ・ポール・イヴ・ロシュ・ジルベール・デュ・モティエ
フランスの侯爵、軍人、政治家。1757年9月6日生、1834年5月20日没。フランス革命とアメリカ独立戦争の双方で活躍し、「両世界の英雄」と讃えられる。2002年にはアメリカ合衆国名誉市民に選ばれた。

ケネディ暗殺の真相～ザプルーダー・フィルム編

ケネディ暗殺事件が語られる時、必ずといっていいほど登場する映像があります。「ザプルーダー・フィルム」と呼ばれる、ケネディが狙撃された瞬間をとらえた8ミリフィルムです。テレビや映画などでよく使われていますから、みなさんもきっと見たことがあるでしょう。

パレードを見ていた民間人のザプルーダー氏が偶然撮ったとされるこのフィルム、政府がこっそり抜き取ったシーンがあると言われるほど核心に迫ったものとされていて、ケネディ暗殺事件を語るには欠かせない資料になっています。

しかし、**あの映像、非常におかしな部分があるのです。**みなさんは気がついていたでしょうか。この後は、もしパソコンなどがありましたら、映像を見ながら読んでみてください。

まず、カメラはずっと暗殺されるケネディ大統領を追っていますが、考えてみてください。**発砲があれば、人は反射的に逃げようとするか、銃声がした方にカメラを向けてしまう**ものです。しかしカメラは冷静にケネディ大統領を中心にとらえ続けています。素人には無理です。

さらにその時の観衆の反応は、**発砲があったにも関わらず、誰も伏せていない**のです。私は実際に現場に行って確かめてきましたが、みなさんもネット上のソフトや地図などを使って、撃たれたポイントと、グラシーノールの丘や教科書ビルの距離を見てみてください。どれだけ近いかよく分かります。**その距離から銃声がして、なぜ誰も逃げようとしないのか。また誰も音の鳴る方を見ていないのか？**　その不可解さが一目で分かるでしょう。

おかしな点はまだあります。当時、**大統領が来るといえば、ひと目見ようとたくさんの人が集まったもの**でした。しかも人気のケネディ大統領です。沿道に人があふれていてもおかしくありません。しかし、映像を見ると、明らかに観衆が少ないのです。

しかも、計算されているかのように暗殺ポイントでは人はほとんどいません。

そして、どういうわけか大統領が乗った車が**画面上、標識に隠れ、再び出てきた時、**大統領はうずくまっています。実はこの時**すでに撃たれている**のです。一体誰が撃ったのか？

運転手だそうです。その後に、有名な「頭が撃たれるシーン」があるのですが、**まるで「撃ってください」と言わんばかりに車は速度を下げているのです。もちろんカメラは動きもせず、真正面からきれいに撮り続けています。**

もうみなさん分かりますよね。

「ザプルーダー・フィルム」は、実は実行犯側の組織によって作られた、**〝公開処刑映像〟**です。

あの日、あの一角にいた人たちは、**一般の人ではなく、全て組織によって集められた〝エキストラ〟**なのです。ケネディ暗殺は、政府が仕組んだものだったのです。だから、それぐらい大掛かりで当たり前です。**ちゃんと数日前からリハーサルも入念にしていた**ことでしょう。

そして、自分たちが狙われないことが分かっているから、カメラマンはたとえ至近距離から銃声が聞こえても、**逃げることも伏せることもなく、その場でカメラを回し続けたのです。**

ケネディ大統領は、車の運転手とグラシーノールの丘の狙撃手に

●看板から出るとうずくまる大統領。この時車は速度を落とす。

●計算されたかのようにカメラの真正面で再度確実に撃たれている。

●大統領の散らばった脳みそを拾う夫人と言われるが、実は運転手から逃げている。

よって撃たれたのです。教科書ビルもオズワルドも関係ありません。**初めから計画されていた、シナリオどおりの暗殺だったのです。**

実は当時、このフィルム以外にも、何本かのフィルムが撮影されていました。その中で最もデキが良かったのが「ザプルーダー・フィルム」として世に出されたのです。他のフィルム？　もちろん闇に葬られました。もう永久に出てこないでしょう。

「ザプルーダー・フィルム」をいくら調べても、暗殺事件の真相にはたどりつけません。よくアポロ一一号の月面着陸の映像がウソだと言われますが、**「ザプルーダー・フィルム」こそ、政府が作ったもの**なのです。このことをしっかりと覚えておいてください。

それでは、なぜケネディは殺されることになったのか？　それは次でお話しましょう。

信じるか信じないかはあなた次第です。

●不自然にきれいに一列に並んでいる。

●いわくの標識（右下。現在はもう無い）。

●標識で画面から隠れている時にすでに大統領は撃たれている。しかし身動きが取れない程度に急所を外されている。

ケネディ暗殺の真相

ケネディはなぜ暗殺されたか？　ここではいよいよその真相についてお話ししましょう。その謎を解くカギとなる写真があります。実は事件が起きた際、オズワルドのほかに三人の人物が逮捕されていたのです。その三人が写っている写真が存在します。写っていたのは二人のＣＩＡ工作員と、**ＵＦＯ調査機関のメンバー、フレッド・クリスマンです。**

ＵＦＯ調査機関のメンバーが、なぜ？

ケネディといえば月への有人飛行計画、アポロ計画を提唱して、宇宙開発を強く推し進めた大統領です。当然ＵＦＯや宇宙人についても情報を持っていました。**実際に墜落したＵＦＯや宇宙人の死体を見た**とも言われています。

私が取材で会ったアポロ一四号の宇宙飛行士エドガー・ミッチェルは、UFO墜落事件はたくさん起きているとはっきりと言いました。**軍はずいぶん前から宇宙人とコンタクトを取っているが、そのことを国民に公表していない**だけなのだと。彼は立場上宇宙人に会ったとは言えないと断った上で、しかし宇宙人を見たことはあると言い切りました。それはいわゆるグレイやETそっくりだったそうです。

ミッチェルが言うように、**アメリカは宇宙人とコンタクトしていることを今も隠しています。**決して認めようとはしません。

今も頑なに認めないその事実を、ケネディは一九六三年の時点で公表しようとしていました。**宇宙人が存在していること、そしてコ**

●後ろの二人はCIA工作員。前を歩くのがフレッド・クリスマン。
その後、彼らがどうなったのかは明らかにされていません。

ンタクトを取っている事実を公表しようとしたのです。

ケネディが殺された理由は、これです。

当時から米軍は宇宙人に最新のテクノロジーを教えてもらい、それを武器の生産に生かしていました。いわば**宇宙人との関係は軍事機密。**当時の宿敵・ソ連には絶対に知られたくないことです。

さらに言えば、六〇年代の宇宙人のイメージは今とは全く違い、「地球を襲う化け物」といった「とにかく怖い存在」というイメージばかりでした。そんな中で存在を公表し、関係を暴露したら、世界規模でパニックが起こることは必至ですし、**米軍に対する反感も高まっていたでしょう。**だからNASAやCIAは反対していたのですが、ケネディはその反対を押し切ろうとしたのです。

ところでNASAといえば、少し前に触れた**エドガー!**

●エドガー・ミッチェル

●ジョン・グレン

ミッチェルや、マーキュリー六号の宇宙飛行士で上院議員にもなった**ジョン・グレン**、マーキュリー九号の宇宙飛行士**ゴードン・クーパー**、アポロ一一号の宇宙飛行士で人類初の月面着陸をはたした**エドウィン・オルドリン**など、**彼らは全員フリーメーソンのメンバーです。**

NASAはただの宇宙開発組織ではありません。実質的にはフリーメーソンの組織なのです。**その組織の意向にケネディは逆らおうとしました。**だからNASAと宇宙人の関係をバラすということは、フリーメーソンと宇宙人の関係について触れることになりますし、その先には政府と宇宙人、政府とフリーメーソンの関係も出てきます。ケネディ大統領は、触れてはいけないところに踏み込もうとしていたのです。

ケネディ大統領が暗殺されてからしばらくたって、

●エドウィン・オルドリン
通称「バズ」。『トイストーリー』のバズの名の由来。

●ゴードン・クーパー
スペース・マウンテンの生みの親。

スピルバーグ監督による『未知との遭遇』、『ＥＴ』が撮影されました。いずれも宇宙人が襲来するといったパニック映画ではなく、宇宙人と地球人との現実的なコンタクトを描いた作品です。

実はこれらの作品は政府の要請によって作られたものです。映画を通して宇宙人を身近なものと感じさせ、その存在に慣れさせるために作られました。宇宙人は友好的な存在だと思わせ、公表の日が来てもパニックが起きないよう、着々と準備を進めているのです。

なお現在、民間を通じての宇宙事業が世界中で進められています。**二〇一三年に事業は本格化し、民間人が宇宙に旅行に行く時代が訪れる**ことでしょう。宇宙時代の到来です。

ではなぜ二〇一三年なのか？

ケネディ大統領暗殺の真相を全て語る「ウォーレン報告書」が公開されるのは二〇三九年です。**しかし二〇一三年から、事件に関連したさまざまな話が徐々に公開され始めます。**アメリカには国家機密は五〇年秘守し、それを越えると情報を公開するというルールがあります。

同時にＮＡＳＡが隠そうとしていた情報、ケネディが公表しようとしていた情報が、いくつか世間に知られることにもなります。アメリカ政府と宇宙人との関わりの一端が明らかにされていくのです。宇宙人の存在が公表出来るようになれば、民間人を宇宙から遠ざけておく理由がなくなります。**むしろ積極的にお金儲けに利用した方が得というもの。そのきっかけが二〇一三年からなのです。**

アメリカとソ連が宇宙開発を独占していた時代が終わり、世界中で今、宇宙開発のためのロケットが飛ばされています。ヨーロッパ各国、中国、インドそして韓国も競争に加わろうとしています。宇宙人の存在を前提とした、新たな宇宙時代が始まることを皆分かっているからです。そして別の文明の恩恵にあずかろうと準備に余念がないのです。その新たな技術がどんなものなのか、宇宙人との共存がどのような社会をもたらすのか今はまだ分りません。しかしその日は遠からずやってきます。

二〇一三年から新時代が始まるのです。

信じるか信じないかはあなた次第です。

MR. URBAN LEGEND, STEVEN SEKIELBERG

関暁夫の都市伝説コラム

大人のデ○ズニーランドの楽しみ方

その1　願いが叶うシ○デレラ城

シ○デレラ城には〝願いのピアス〟と〝呪いの指輪〟というのがあります。

城内にあるガラス細工の店の手前に壁画があって、そこにシ○デレラが描かれてあります。向かって左側に描かれている女性がつけているピアス。これが水晶で出来た〝願いのピアス〟で、多くの人が願いを掛けています。そこでどんな願いをするかは自由ですが、「みんなの願いが叶いますように」と願うと、幸せが訪れると言われています。

そして向かって右側の壁画。シ○デレラが靴をはいている横に、赤い服を着た継母のト○メイン夫人がいます。この人の付けている指輪が〝呪いの指輪〟と言われ、これに触って念じると、憎い人に呪いをかけることが出来るともいわれています。しかし、呪いの方はおすすめしません。

そして、みなさんは『ジョセフおじさんと妖精の粉』というお話を知っていますか？　なんでもシ○デレラ城の中にある、ガラス細工を作っている職人さんの中に、ジョセフおじさんという人がいるそうです。その人に「Josef（ジョセフ）！　Have a good day（よい一日を）！」とウインクすると、妖精の粉をもらえるそうなんです。このとき気をつけなくてはいけないのは、ウインクを必ず左目ですることだそうですよ。ただし、子供しかもらえないという話もありますけどね。

信じるか信じないかはあなた次第です。

鏡花水月

第二章

舞い散る花びら

ヒット商品の裏側 〜売れるには理由がある〜

女性に大人気のキティちゃん。あのマライア・キャリーやパリス・ヒルトンといったアメリカのセレブたちも大好きだそうで、いまや日本を代表するキャラクターのひとつです。

そんなキティちゃんの数あるグッズの中で、空前の大ヒットを記録した商品は何か、ご存知ですか？　バッグ？　ぬいぐるみ？　違います。**答えは、マッサージ機です。**

しかしこの商品、一歩間違えば発売されなかったかもしれませんでした。大ヒットどころか、世に出ずに終わる可能性が高かったそうなのです。私が聞いた発売までの〝秘話〟をお話しましょう。

●キティ
1974年に生まれた（開発された）キティちゃんは、そのキャラクターの愛らしさで、世の女性たちの爆発的な支持を集めました。もっとも最初期には愛称がなく、「名前のない白い猫」などと呼ばれていたそうで、翌1975年に『鏡の国のアリス』に登場する猫からキティと名づけられたという歴史があります。

もともとこの商品は、ある女性社員のアイデアだったそうです。

この女性社員が、社内の新商品開発会議でプレゼンしたところ、オジサン社員たちの反応は「キティちゃんは子供たちが買うんだよ。子供は肩凝らないじゃない」と、「話にならない」と言わんばかり。半ばバカにするような口調の人もいたそうです。

しかし、女性社員はヒットを確信していました。だから「絶対に売れます！」と言い続け、「まあ、そこまで言うなら」と、呆気に取られるオジサンたちを押し切って発売にこぎつけたのだそうです。

そして発売されるや、**女性社員の予想通りの大ヒット。**では女性社員はなぜヒットすると思っていたのでしょう。

確かにオジサン社員の言っていたことには一理あります。**小学生がマッサージ機を当てているような姿、見たことないですよ**

ね。反対するのは無理もないことです。

しかし、女性社員は、最初から全く違うところを見ていました。ターゲットは小学生ではなく、**女子中高生、女子大生、そしてOL**だったのです。

そして、大きさが絶妙でした。親指よりも少し大きいぐらいの大きさ。化粧ポーチにスッポリ収まります。だから、仕事中にトイレに行くふりをして持って歩くことも出来るし、旅行先でも、**どこにでも持ち歩ける。そして使うことができるのです。**

何に使うか？　もちろん、肩や首など凝ったところに決まってます。そしてオジサンたちが気がつかなかった使い方も……。

おっと、これ以上私に言わせないでください。

信じるか信じないかはあなた次第です。

ロックフェラーと鉄道

たまにはアメリカの有名な都市伝説をお話ししましょうか。

日本人は「アメリカはなんでも進んでいる」と思いがちですが、圧倒的に日本やヨーロッパより遅れているものがあります。**それは「鉄道」です。**日本と違って、地下鉄や路面電車も含めた鉄道網が充実しているのは一部の大都市だけ。長距離列車は、東海岸と西海岸にはそれなりのものがありますが、あとは貨物輸送用のものがほとんど。**しかも電化されていない。なんといまだに〝電車〟ではないんですね。**そう考えると、日本の新幹線がスゴく見えちゃいますね。

●ロックフェラーは世界を一つにするNew World Order（新世界秩序）の思想を持っているといわれています。

とはいえ、実はアメリカの鉄道の歴史はイギリスに次いで古く、かつては都市間を結ぶ列車が発展し、都市部では路線が網の目のように整備されていました。

ではなぜ今、こんなに落ちぶれた状態になっているのでしょうか。

その背後にいると言われているのが、**あのロックフェラー一族です。**

なぜロックフェラーが鉄道を潰すのか？　勘のいい方はお分かりでしょう。**ロックフェラーといえば石油です。**そう、車の利用者を増やせば、ガソリンの消費量も増える。そのためには一度にたくさんの人を運べる鉄道は邪魔な存在。ならばなくしてしまえ！　そんなことが会議で話し合われたかどうかは知りませんが、**鉄道が一気に衰退した裏では、自動車会社と石油会社が協力し、鉄道会社を買収してどんどん路線を廃止していった、と言われています。**自動車とガソリンを売るために、公共の移動手段である鉄道会社を潰してしまう……。金儲けのためのエゴ丸出しの恐ろしい行為が公然と行われ、**その結果、アメリカが「鉄道後進国」に成り果てたわけです。**

● **David Rockefeller**
デイヴィッド・ロックフェラー。
彼もまたDの一族。

その一方で、あの有名なニューヨークの地下鉄を発展させたのもロックフェラー一族のひとりでした。ニューヨーク州知事を務め、後に副大統領にもなったネルソン・ロックフェラーです。

あっちで鉄道会社を潰して、こっちで発展させて、いったいなんなんだ？　と思われる人も多いでしょうが、**これにはある狙いがあったのです。**

ネルソンが、ニューヨーク市で管理していた地下鉄を州の管理下に置き、行なったこと。それはズバリ**「ロックフェラー家のための秘密の地下トンネル造り」**でした。

日本でも「政治家が極秘で使う秘密の地下トンネルがある」という話がありますが、ネルソンはロックフェラー・センターやロックフェラー大学などのマンハッタン島にある一族の施設の地下に、地下鉄工事を装って、秘密の脱出用トンネルを掘ったのです。さらに核シェルターまで作った、という話もあります。日本でも「永田町駅には核シェルターがある」という話がありますが、それと同じことですね。

アメリカの鉄道が衰退したのは、ロックフェラー一族がガソリンを売るため。そしてニューヨークの地下鉄が充実しているのは、緊急時にロックフェラー一族が逃げるため。

アメリカで語られている都市伝説でした。

信じるか信じないかはあなた次第です。

セックス・アンド・ザ・シティの裏話

●サマンサ
男癖が悪い。
●ミランダ
彼女にしたらウザいタイプ。

ドラマ、映画ともに大ヒットを記録したアメリカの人気ドラマシリーズ『セックス・アンド・ザ・シティ』（Sex and the City 愛称：ＳＡＴＣ）。女性はもちろん、男性も一度はこのタイトルを耳にしたことはあるでしょう。ニューヨークを舞台に、三〇

●シャーロット
意外と私（関）は好きです。

●キャリー
自称恋愛至上主義者。

代独身女性四人が恋に仕事に奮闘するハートフルコメディです。

このドラマ、放送開始当初はあまり人気が上がらず、低視聴率にあえいでいました。それがある人物の〝ほんのひとこと〟がきっかけで大ブレイクしたのです。そしてその裏には別の人物による巧妙な仕掛けがありました。

そう、この作品のヒットは、**実は仕組まれたものだったのです。**
あなたも知らずに観ているかもしれない『SATC』ヒットの裏を、ここで暴いちゃいましょう。

その前に基本的なお話からです。『SATC』の主役は、サラ・ジェシカ・パーカー演じるコラムニストのキャリー。脇を固める三人の友人は、男漁りに精を出すPR会社の社長・サマンサ（キム・キャトラル）。変わり者の弁護士ミランダ（シンシア・ニクソン）、お嬢様育ちで結婚願望が強いシャーロット（クリスティン・デイヴィス）。個性の強すぎる四人の女性が、時にはケンカし、時には助け合って、女の幸せを追い求めていく――。そんな四人の固い友情が女性たちから大きな支持を集めています。

しかし、それはあくまでドラマ上での話。主役のキャリーを演じるサラと、サマンサを演じるキムが犬猿の仲であることは、日本のファンたちの間でも有名な話です。**ギャラが少ないと激怒したキムが作品の降板をちらつかせ、映画版の製作が遅れてしまったとか、聞いたことありますよね。**

また、**主役兼プロデューサーのサラのギャラは、映画一本で四五億円。そのほかの出演者のギャラについては公にされていません。**細かい振り分けは後で話しますが、ある情報網から私の耳に入ってきたのは、四人でなんと**総額一四二億円というベラボーな額です。**

これだけのギャラを払って、それでもちゃんと採算がとれるというのは、ハリウッドの映画ビジネスのすごいところです。ドラマ、映画、その他すべての経済効果は一五〇〇億を軽く超えるとも言われています。

さて、いよいよ本題に入りましょう。

『SATC』が放送を開始したのは一九九八年。しばらくしても視聴率が上がらない状況に悩んでいたことは冒頭でご紹介した通りですが、それがある人物の一言で激変します。

その人物とは、**あの〝世界のセックスシンボル〟マドンナです。**マドンナの「このドフマはセックスするよりキモチいい！」という一言が、状況を一八〇度変えたのです。

しかし、マドンナは理由もなくこう言ったのではありません。発言の裏には〝仕掛け人〟がいました。そして仕掛け人は、実に巧妙にコトを成し遂げていたのです。

『SATC』が低視聴率にあえいでいた一九九九年頃は、マドンナにとってもセールスが落ち込み、しばらく全米一位から遠ざかっていたスランプの時期でした。

しかし間もなく、八〇年代ファッションブームが到来。

●最近のマドンナ。

八〇年代にデビューして一斉を風靡したマドンナに再び注目が集まり始めました。

そこに目をつけたのが仕掛け人です。八〇年代ブームの中で、八〇年代ファッションを取り入れたドラマを、八〇年代最高の歌姫が絶賛すれば、注目度が増すに違いない。そう考えた仕掛け人はマドンナに接触。ギャラを払って「セックスするよりキモチいい」と言わせたのです。

関係者からの情報によると、**この時マドンナには〝広告宣伝費〟として二八〇万ドル（当時の日本円にして約三億三千六百万円）が支払われたと言います。**一言の対価としては驚くような高額ですが、その結果、狙い通りにドラマの視聴率は一気に跳ね上がりました。

その後、『SATC』は映画化され、パートⅠだけで四億ドル（約四〇〇億円）も稼ぎ出していますから、二億八千万円なんて痛くもかゆくもない数字でしょう。それにしても、たった一言でブームを作り出し、たった一言でこれだけ稼ぐのですから、さすがは世界のスーパースターですよね。

なお、その後マドンナは、**ドラマと映画のヒットを見て欲が出たのか、「作品のヒットはわたしのおかげ」と言わんばかりに、映画パート２へ多額のギャラで出演交渉をしてき**

たそうです。

しかし、それを「勘弁して」と煙たがったスタッフは、あえてマドンナのライバルでもあった、これまた八〇年代を代表する歌姫、シンディー・ローパーの歌をエンディングに使用したという話です。

いわばマドンナに中指を立てているメッセージなのです。

とはいえ、『セックス・アンド・ザ・シティ』とマドンナの結びつきは、これだけではありません。**実はもっと深いつながりがあるんです。**

それは、主役のサラがマドンナの大ファンだということです。マドンナに強い影響を受けているサラは、トレーニングに精を出してかなり筋肉質な肉体を作り上げているのは有名な話です。

ではなぜ、サラはマドンナにそこまで入れあげているのか？

それはサラがユダヤ系アメリカ人だからであり、マドンナがユダヤ教の神秘主義思想・カバラ（Kabbalah）の信奉者だからです。

●カバラ
ユダヤ教の伝統に基づいた創造論、終末論、メシア論を伴う神秘主義思想。

実は『セックス・アンド・ザ・シティ』を紐解くキーワードは〝ユダヤ〟なのです。

サラは主演に加え、プロデューサーとして製作にも深く関わっています。サラ抜きに作品は成り立たないわけですから、彼女の発言力は絶大なもの。つまり彼女の「こうしたい」という希望は、たいてい通ります。

例えば、シャーロットの結婚エピソードには、**サラの意向が強く反映されている**と言われます。好きになった相手がユダヤ教徒であることに悩むシャーロット。しかし、彼女はユダヤ教に改宗して幸せな結婚を果たす――。

ユダヤ系のサラ自身がユダヤ教に改宗するストーリーは、いくら何でも鼻についてしまう。**だから脇役のシャーロットにその役目を演じさせているわけです。**

ということは今後、ストーリーにおいて大きな鍵を握るのは、シャーロットということになります。彼女の役どころは要注目ですね。

映画版パート2の中でも、ユダヤの刷り込みが至るところに見られます。観ていないという人は、ぜひ御覧になって探してみてください。

そもそもこの作品の原作は『セックスとニューヨーク』というノンフィクション小説です。ニューヨークは周知のとおり、ユダヤ人だらけの街。原作者のキャンディス・ブシュネルもユダヤ教徒であるという噂もあります。

つまり『セックス・アンド・ザ・シティ』は、ユダヤ人による、ユダヤ思想のための物語なのです。

おっと、女性の夢を壊したくないので、裏話はここまでにしておきます。

さて、ここまで読んでチンプンカンプンだった男性読者の方にひとつ、みやげ話をしておきましょう。

柔軟材のダウニーで洗濯した服を着て、女の子と一緒に『セックス・アンド・ザ・シティ』のＤＶＤを観ると、セックス出来る確率がＵＰするらしい。

信じるか信じないかはあなた次第です。

●トヨタ
ちなみに劇中で、サラたち四人はホテル側から高級リムジンのお出迎えというサービスを受けます。しかしアクシデントによって、最後にはそれがボロボロのタクシーに代わってしまうのですが、その車種がトヨタでした。映画の中でもトヨタ叩きをしていたんですね。

シークレット・フィンガー・サイン

女性のみなさんにお聞きします。最近、あなたの周りにやたらと「プリクラ見せて」と言ってくる男がいませんか？

いると答えたあなた。何か気づくことはありませんでしたか？

もし分からないようでしたらお教えしましょう。その男たちは、プリクラの中に**「あるサイン」**がないか、探しているのです。

実は世の中、**一部の人の間でしか意味が通じない「サイン」**がけっこうあります。**フリーメーソンどうしの握手**は有名ですね。

築地のセリでは、サインのやり取りで高額なマグロが競り落とされていきます。

一般的なところでは、デパートで雨が降ったら**特定の音楽が流れるのも一種のサイン**です。雨天用の包装に変えよ、傘売り場を広げよ、ということですね。デパートでは、万引きや窃盗事件発生時に流す音楽もあります。お客さんには分からないように、**全警備員に音楽で「警戒するように」伝えている**のです。

こうやって**部外者に分からないように必要な情報を伝えている**んですね。

話を戻しましょう。では男たちが探しているサインとはどんなものか。

写真を見てください。見本として私がそのサインを作ってみました。

これは最近、ギャル男やホスト、一部の芸人たちの間で流行っている「シークレット・フィンガー・サイン」、または略して「S.F.サイン」と呼ばれるものです。

両手の指を複雑に絡ませて、何かの形を作っています。

何に見えますか?

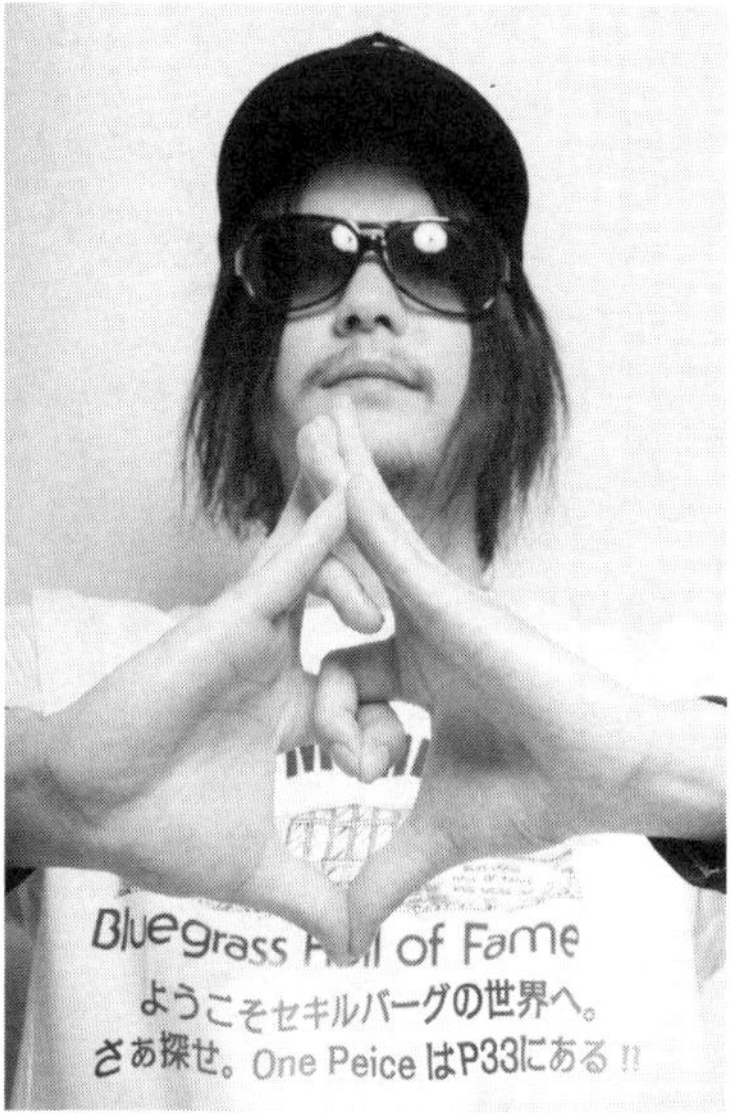

ズバリ、女性の大事な部分です。どうですか？　言われれば見えてくるでしょう。

このシークレット・フィンガー・サインは、**一緒に写っている男が、別の男に向かって「この女はヤレるぞ」**とサインを送っているのです。SFとは、シークレット・フィンガーの略であり、同時に「セフレ（SEX FRIEND）に出来る」という意味も込めているんですね。

ドキッとした女性読者の方。是非一度、手元のプリクラを確かめてみてください。**あなたの横でこのサインを作っている男が写っている**かもしれません。もしそんな写真があったら、よ〜く思い出してみてください。サインを出している男の**友達と遊んだ記憶はないですか？**

一方、私が知り合いのホストから聞いた話では、最近では女性も反撃に出ているとか。プリクラや写真を撮る時に、「隣の男は本命ではありません」というサインを出しているというのです。

そのサインは「両手で〝指をくっつけないハート〟を作る」というもの。

これは「こいつは本命じゃないよ。欲しい人がいたらご自由にどうぞ」というメッセージなのです。なかなか手厳しいサインですよね。

そしてもうひとつ。**女性が指で銃を撃つような構えをしている写真**を見た覚えはありませんか？　この時、指をしっかり組んでいたら「この人と組んでいたい」＝本命ということだから安心です。しかし、**片方の指に、もう片方の指をかぶせるようにしていたら「これ、単なるチンコ（＝男）だからいらない」という意味**で、あなたは相手にされていないということになります。

このサイン、指を組んでいるのは拳銃のように見えるのに、指をかぶせているのは、弾倉に当たる部分がふくらんで、**まるで包茎のチンコみたいに見えます。つまり「ヤる対象じゃないですから」という意味も込めての〝チンコサイン〟なのです。**

一般的に指を組むのが普通ですし、こちらはまだそんなに普及していませんから、指を組んでいたからといって喜ぶのは早計です。しかし、もしあなたの隣の女性がチンコサインをしていたら……。

落ち込んだ方がいいかもしれません。

信じるか信じないかはあなた次第です。

3回やったら負けよ。チンコサイン

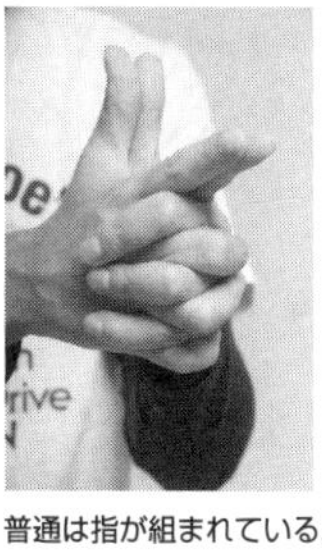

普通は指が組まれている。

ウォルト・デ○ズニー

ミ○キーマウスの生みの親にして、デ○ズニーランドの創設者といえば？　そう、ウォルト・デ○ズニーですね。日本でも、誰でも一度はこの名前を聞いたことがあるんじゃないか、というほど有名な人物です。しかし、「ウォルトってどんな人だったの？」と聞かれると、ちゃんと答えられる人はほとんどいないでしょう。どんな性格だったのか？　どんな思想を持っていたのか？　どんな人たちに影響を受けたのか……**日本ではウォルトの〝真の姿〟が、不思議なほど伝えられていません。**いや、あえて伝えないようにされていたフシもあります。ここではそのウォルトを巡る話をしていきましょう。

まず、ウォルトを語る上では、ある組織の話をしなければいけません。ウォルト自ら「大きな影響を受けた」と認める組織です。フリーメーソンかって？　確かにデ○ズニーランドには「クラブ33」という会員専用レストランがあり、この「33」という数字がフリーメーソンの「秘密の33階級」と数字が同じことからそう思えますが、私は、**「クラブ33」の名前はミ○キーとミ二○の名前から来ていると信じたいですけど……。**

ウォルトが所属し、大きな影響を受けたのは、**「デモレー団」という、日本ではあまり知られていない組織なのです。**デモレー団は、一九一九年にミズーリ州カンサスシティで設立された組織で、入会できるのは一二歳から二一歳までの青少年です。デモレーという名称は、あの**テンプル騎士団の最後の総長であったジャック・ド・モレーから来ています。**財産をねたまれ、フランス国王によって火あぶりの刑に処され、死ぬ前に**国王に呪いをかけた**、とも言われる人物です。

ウォルトはデモレー団に一九歳で入団し、**後にはデモレー団の殿堂入りも果たしました。**クリントン元大統領もこの組織の出身者です。

ウォルトはエッセイの中で、「デモレー団では人生の大切なことを学んだ。決断をする時、危機に直面した時に、デモレーで学んだことが大きな役割を果たした」**「私は至高の存在を信じることを学んだ」**と述べています。デモレー団がどれだけウォルトに大きな影響を与えたか、よく分かるでしょう。

実はデモレー団はただの青年組織ではありません。**フリーメーソンによって設立され、**

フリーメーソンの資金によって運営されている、つまりフリーメーソンの青年組織なのです。つまり、ウォルトがフリーメーソンの影響を強く受けていたのは、間違いありません。

ウォルトが信じた至高存在とは、フリーメーソンが言う至高存在とまったく同じものだと考えて間違いないでしょう。それは一体なんなのでしょうか？　**はたしてそれは神なのかそれとも悪魔なのか**……。


夢の国デ○ズニーランドの創設者・ウォルトに、別の一面があることが分かってきたでしょう。もうひとつ、別の一面もご紹介しましょう。**実はウォルトは人種差別主義者だという話があります。**実際にデ○ズニー社では、ウォルトの生存中は黒人、女性、ユダヤ人は決して幹部に起用されることがなかったという話です。**ロサンゼルスのデ○ズニーランドも、もともとは黒人たちを収容し処刑していた場所に建てられた、**という話も聞いたことがあります。

また、ミ○キーやドナ○ドなど、動物がモチーフとなっている数々のキャラクターに、ある法則があることにお気づきでしょうか？

人の心を持ったもの、つまり人間のような振る舞いをするキャラクターは、「手袋」をはめています。中でもミ○キーやミニ○が「白い手袋」をしているのは、**ミ○キーたちが**

白人であることを示しているのです。

そして手袋をしていないキャラ、例えばミ○キーに飼われているプル○トは、我々黄色人種を示しているのだそうです。だから黄色なんですね。そういうウォルトの差別心を反映して、デ○ズニー社が作る映画もまた、昔は白雪○、シンデ○ラといった白人たちが主人公のものばかりでした。

そして白人至上主義者のウォルトが亡くなって初めて、マイケル・アイズナーやジェフリー・カッツェンバーグなどの**ユダヤ人たちがデ○ズニー社で幹部になっていった**のです。『ポカホン○ス』や『ム○ラン』などの、白人が主人公ではない映画が作られるようになったのは、それからです。

デ○ズニー社は一時期経営難に苦しんでいましたが、非白人を主人公とする映画を製作するようになってから全世界に受け入れられ、第二の黄金期を迎えることになったのです。

信じるか信じないかはあなた次第です。

●デ○ズニーのデモレー団のハガキ。

エジソンが作った一般常識

「常識」って、いつ誰がそう決めたんだろう?

みなさん、そんなことを考えたことはありませんか。

自分の周りで「当たり前」のこととして言われていること、みんなやっていることって、いつからそうなったんだろう、と。しかし、ほとんどの場合、簡単に答えは見つかりませんね。時がたつと、誰が始めたかなんて、忘れられてしまうものなんです。

さて、ここでは、ある有名な歴史上の人物が作った「常識」をご紹介しましょう。そ

●トーマス・アルバ・エジソン
アメリカ人の発明家。1847年2月11日生、1931年10月18日没。生涯に1,300以上の発明を行ったといわれる。代表的な発明は、電話機、蓄音機、電球、発電機、トースター。

してその人物の真の狙いも……。

皆さんは一日に何回食事をしますか？　多分三回という人が多いでしょう。そう、「一日三食」は、現代の「常識」です。

しかし、ほんの一〇〇年ほど前まで、世界では「一日二食」が当たり前でした。それを三食に変えた人物がいます。常識を変えた男、それは、**あの有名な発明王、トーマス・エジソンです。**

きっかけは取材に答えたエジソンの言葉でした。

記者から「あなたのように頭が良くなるためにはどうすればいいか？」と聞かれたエジソンは、

「一日三食食べることだ」

と答えたのです。

この言葉が世間に与えたインパクトは絶大でした。なにせエジソンはすでに蓄音機や電球、発電機などを発明・商品化していた大発明家です。その大先生が「三食食べれば頭が良くなる」と言ったのですから、マネしよう、あやかろうってな人が増えるのは当然のこと。今のように食料が豊かではない時代でしたが、**これ以降、「一日三食」はあっという間に広まり、いつのまにか「常識」になっていたのです。**

さて、話はこれで終わりではありません。実はこのエジソンの言葉には、**裏の狙いがあったのです。**

エジソンはこのインタビューを受けた当時、すでにトースターを発明していました。この新商品を世間にどうやって広めようか、と考えていたエジソンは、妙案を思いつきます。それが**インタビューを利用して「一日三食」を浸透させることだったのです。**

昔はパンを焼くのも手間がかかりました。食事の回数が増えれば、手間も増えますが、便利なトースターがあれば、手軽に食事ができる。「三食食べてエジソンのようになりたい。でも食事作るのは面倒くさい」と言う人たちにとって、トースターはまさに全てをかなえてくれる商品。こうしてトースターは大ヒット。PRは見事に成功し、常識まで変えてしまったというわけです。

●エジソンが作ったトースター。

この話、普通ならここまでで終わるところですが、エジソンという人はすごい。**さらにもうひとつ深い狙いがあった**のです。エジソンは世界一有名な発明家として知られていますが、実は専門家の間では、実業家としての手腕が高く評価されている人物。**実はエジソンは、トースターよりももっと売りたいものがあった**のです。

本当の狙い、それは**自分の電力会社の売り上げを伸ばすことだった**のです。

当時のトースターは、普及していた電灯やラジオに比べ、かなり大きな電力が必要となる、**商品化するには無理のある代物**でした。

しかしエジソンはトースターを商品化します。

「一日三食」を提言し、不完全であろうとトースターを売り出したのは、**すべて電力を売るための布石**だったのです。

食事の回数が増えれば、トースターを使う機会も増え、電力の消費が増えて会社の売り上げがあがる。

まさに一石二鳥。**エジソンは「一日三食」を常識にすることで、見事に金儲けしたのです。**

ところでエジソンといえば、「天才とは一％のひらめきと九九％の努力である」という言葉は有名ですが、**その言葉を皮肉って「天才とは九九％の努力と、それを越える一％の**

ひらめきである」と言った人物がいるのをご存知ですか。都市伝説第一巻でも紹介した**ニコラ・テスラ**です。

ニコラ・テスラはハンガリー出身の科学者で、一時エジソンの会社に勤めていました。エジソンが直流電流の事業にこだわるのに対し、テスラは自分が発明した交流電流を主張しました。そして二人は対立して、テスラは会社を辞めることになるのです。**テスラの主張が正しかったことは、現在、交流が主になっていることからも分かります。**

テスラは他にもさまざまな研究に取り組んでいました。その一つが、高周波の振動によって鉄の塊を粉々にするという実験でした。出力を上げれば「この地球でもリンゴを割るように二つにできる」と豪語していました。テスラの死後、彼の研究資料はどこに行ってしまったのか不明で、一説によると**米軍とFBIがそのすべてを没収した**と言います。そしてそれをもとに開発されたのがHAARP（ハープ）なのだそうです。

●ニコラ・テスラ

HAARPとはアメリカで行なわれている高層大気研究プロジェクトで、高周波の電波を空に向けて照射し大気圏の電離層を活性化させて、その挙動を調査して無線などへの影響を調べるための研究だと一般には説明されています。

しかしその実態はテスラによって開発された技術、**つまり高周波を電離層に反射させて狙った地域に当て、その地域の地盤を振動させて人工的に地震を起こす兵器**なのだそうです。その施設はアラスカに存在するのですが、京都に存在する某研究施設も実はHAARPの基地だと言われています。

信じるか信じないかはあなた次第です。

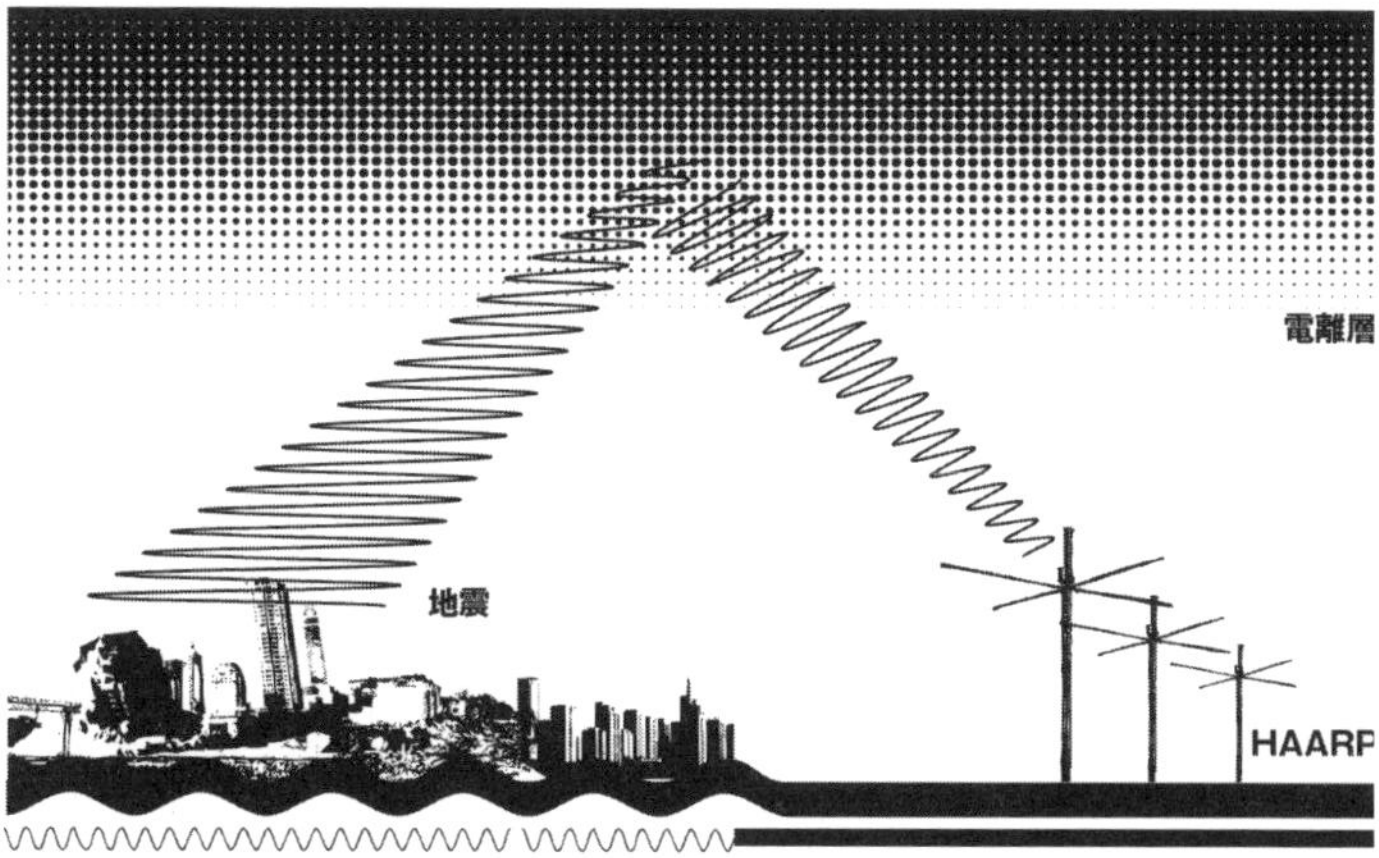

● **HAARP**
High Frequency Active Auroral Research Programの略で、高周波活性オーロラ調査プログラムと訳されている。

ギネスに載らない世界一

日本人って『ギネス・ブック（ギネス・ワールド・レコーズ）』が大好きですよね。何かというと「ギネスに載りました！」と宣伝したがります。ただ世界一といっても、あまりにいろんな記録がありすぎるから、聞いても「それ、スゴイの？」とピンとこないものもあります。ギネス・ブック自体が、世界一「世界一のカテゴリーが多い本」なのかもしれません。

とはいっても、読んでいると興味深いものもあります。例えば「世界一怖いもの知らずの動物」。これはラーテルという体長一メートルに満たないアナグマの仲間なんですが、ヤマアラシの針も跳ね返す硬い背中を持ち、コブラの毒でも死なないと言います。ライオンの獲物を横取りすることもあるそうです。

日本人になじみの深いところでいえば、長寿世界一の男性、故・泉重千代さん（一八六五年八月二〇日生、一九八六年二月二一日没〜一二〇歳二三七日）でしょう。泉さんが生まれた一八六五年は、第十四代将軍・徳川家茂が、長州征伐のために江戸を出発した年。アメリカは南北戦争の真っ只中。ちょっとすごすぎて実感が沸きません。

さて、「そんなことまで!?」と驚くほど様々な世界一が掲載されているギネスブックですが、実は世界一にも関わらず、決して掲載されないものがあるのをご存知でしょうか。

それは遺伝子操作された生物です。

ギネスブック認定の「世界一大きな花」はマレー半島に分布しているラフレシア・アーノルディという花で、直径は九〇センチにもなると言います。

●ラフレシア・アーノルディ
マレー半島に分布するラフレシア科ラフレシア属の全寄生植物の一種。花が直径90センチ程にも達する「世界最大の花」。

しかし実際には、直径二メートル以上という花が存在しています。二メートルというと、一般的な乗用車の幅よりも大きい。しかし、これは遺伝子操作で作られたため、黙殺されています。

「世界一速く走れる地上動物」として認定されているのは、時速一一五キロで走るチーターです。しかし、これも表向きの記録。なんとこれよりも速い、**時速一五〇キロで走るイヌがいる**そうなのです。**軍事用に品種改良された軍用犬**です。

「世界一強い毒を出す生物」はボツリヌス菌です。ボツリヌス菌が出すボツリヌス毒素は、なんと〇・五キログラムで全人類を

●時速 150 キロで走る軍用犬。

滅ぼす自然界最強の毒です。しかしこれを上回る〝人工〟の毒産出生物は、ギネスブックには一切載っていません。

このようにたとえ世界一であろうと、遺伝子操作によって生み出されたものは、ギネス・ブックには決して載りません。

●生物研究所『ドーム』にて、
遺伝子操作された巨大ウツボカズラ。

そして世間が「世界一だ！」と喜んでいる裏側で、決して表沙汰には出来ない遺伝子操作、**マッドサイエンティストばりの生物実験が続けられ、脅威の生物が生まれているのです。**

果たして、ギネス・ブックは本当に「世界一」を集めた本なのか。

ちなみに、世界一賢い動物は〝人間〟と認定されています。

信じるか信じないかはあなた次第です。

野口英世とウィルス兵器

千円札にさまざまな不可思議な秘密が隠されていることは、この本を読んでいるみなさんはよーくご存知でしょう。そしてその千円札に肖像が印刷されているのが、医学博士、理学博士であり細菌学者の野口英世です。それにしても、なぜ野口英世が千円札に採用されたんでしょうね。本当にお札に取り上げられるにふさわしい人なのでしょうか。ここでは、**知られざる野口英世の〝真の姿〟を明かしてしまいましょう。**

現在のお札に切り替わったのは二〇〇四年。当時の財務大臣塩川正十郎は「従来は政治家中心だったが、これからの日本を考え、学術重視、男女共同参画社会の推進など幅広い観点から選んだ」とコメントしています。

野口は貧しい家庭に生まれ、大やけどで障害を負った左手のハンディキャップにもめげずに勉学に励み、アメリカに渡って細菌学者として成功しました。最期はアフリカで黄熱病の研究中に命を落としており、「ヒューマニスト」としても世界的にも有名な人物です。

●野口英世

こういう知られた話からは、なるほど、うってつけの人選だ、と思うかもしれませんが、**実は日本人はほとんど野口の本当の姿を知りません。**例えば、彼が行なったさまざまな研究、たとえば狂犬病の病原体の特定や小児麻痺の病原体の特定、さらに黄熱病の病原体の特定などほとんどの研究成果は、**今ではすべて否定されています。**

そして、実は人間としてもいろいろ問題がある人だったのです。持参金目当てで婚約して、お金だけ受け取って「あんなブスとは結婚したくない」と約束を果たさなかったり、借金をくりかえしては全部踏み倒しています。これがそこらの兄ちゃんだったら「最ッ低！」と吐き捨てて、近づこうとも思わないですよね。ええ、かなり最低な人物です。

さらに、研究成果の間違いも指摘されているんですから、「学術重視の人選」にふさわしいとは思えません。どう考えてももっとふさわしい人が他にいるでしょう。

では、**なぜ野口がお札の肖像に選ばれたのか。それにはやはり別の理由がある**のです。キーワードは、あの大財閥です。**野口がアメリカで在籍していたのは、ロックフェラー医学研究所です。**現在はロックフェラー大学となっているこの研究所は、その名の通りジョン・ロックフェラーによって一九〇一年に設立されました。

ロックフェラー……そう、**イルミナティの一員と言われるあのロックフェラー一族です。**

野口は研究所を組織したポーランド系ユダヤ人、サイモン・フレクスナーに見込まれて

●いわくの目

勤務することになりました。野口の研究で今でも評価されているものに、梅毒の研究がありますが、その研究時に、**なんと人体実験を行っています。**病院患者と健康な子供たち一四六人の皮膚に、梅毒の調合剤を注射してデータを集めたのです。**この人体実験が明るみになり、後になって野口は訴えられています。**研究所にとってこのケースだけが特別なのではなく、**人体実験は黄熱病の研究でも繰り返され、かなりの数の人間がそれで死亡しています。**野口自身も研究中に黄熱病によって亡くなりましたが、彼が発病したのは、アフリカのロックフェラー研究所本部の中ででした。最後の言葉は「**どうも私には分からない」。かかるはずのない黄熱病に、自分がかかったことへの疑問の言葉です。**自分は人体実験をする方だと思っていたのでしょうが、**彼もまた人体実験をされる方にすぎなかった**のでしょう。

単なる研究機関が、こうまで非人道的な人体実験を繰り返すものでしょうか？　そんなわけはありません。**ロックフェラー医学研究所の本当の姿は、細菌や毒、ウィルスを兵器として開発するための組織**だったのだそうです。

そしてこのような研究機関は他にもたくさん存在し、人間の心理状態を研究するタビストック研究所は洗脳技術を開発。微生物を研究するポートンダウン研究所は、毒ガスの人体実験を繰り返し、細菌兵器をアフリカで使用したと考えられています。**こうした組織は**

今も存在し、実験が行なわれ続けているのです。

詳しくは別の項に譲りますが、このところ鳥インフルエンザなど、**アジアで新しい伝染病が発生して流行るのは、ウィルス兵器の実験場にされているから**です。

日本も例外ではありません。二〇〇九年に新型インフルエンザが流行った時には、WHO（世界保健機構）は六月に最高警戒レベルのフェーズ6を宣言しましたが、同じころ日本では普通のインフルエンザと同じあつかいへと対策を変更し、感染者数を把握することもやめてしまいました。新型インフルエンザのデータを収集するのに、**特別な対策をされるとジャマだったから、日本政府には何もさせなかったのです。**

ウィルスや電磁波、**地震など、日本もまたさまざまな兵器の実験場です。**そして最も流通量が多い千円札に野口英世が選ばれたのは、**政府がそれを受け入れているという〝表明〟なのです。**イルミナティの手下として人体実験を行い、自らも人体実験の犠牲となった野口英世が、日本のお札になった理由。**それは日本も実験の場になることを受け入れている、**ということなのです。

信じるか信じないかはあなた次第です。

今のブラジルはヤクルトで分かる

二〇一〇年のワールドカップは盛り上がりましたね。日本代表はベスト一六で敗退してしまいましたが、あの戦いぶりに感動した人も多かったでしょう。次回、二〇一四年のワールドカップはブラジルで開催されます。サッカー王国で是非、さらに上の結果を目指してがんばってほしいものです。

さて、ここではブラジルを巡る都市伝説をご紹介しましょう。ワールドカップの応援や、二〇一六年にブラジルで開催されるリオデジャネイロ・オリンピックの応援に行こうと思っている人、またはそんな人が周りにいる人は、**この話をじっくりと読**

●リオ・デ・ジャネイロ

んでおいてください。

まず、みなさんはブラジルと聞いてどんなイメージを思い浮かべますか？「サッカー！」と答える人は多いでしょう。何しろ次々と世界的な超一流プレイヤーを生み出しています。

それから「貧しい」「スラム」と答える人も多いかもしれません。サッカーに詳しい人なら、これまでのブラジル代表の選手の中に、スラム出身の選手がけっこういたことを知っている人も多いでしょう。また、二〇〇二年に公開された映画『シティ・オブ・ゴッド』を観た人は、リオデジャネイロのスラム街を舞台に、ストリートチルドレンが強盗や麻薬取引を繰り返すドキュメンタリータッチの内容に衝撃を受け、あのイメージが強く残っていると思います。ニュースでもブラジルの犯罪率の高さや治安の悪さがよく伝えられたものです。**一部のスラムの映像を見て、国全体がそうだと思い込んでしまっている**でしょうが、しかし、実はそんな貧乏イメージはすでに過去のものなのです。今のブラジルは日本を上回る実質経済成長率（ＧＤＰ成長率）を

●**『シティ・オブ・ゴッド』**
2002年製作のブラジル映画。1960年代から1980年代にかけてのリオデジャネイロが舞台。貧困にあえぐスラム地域での、ストリートチルドレンたちの抗争が、実話を元にして描かれている（写真はDVDジャケットより）。

見せ、**すっかり裕福な国になっています。**ブラジル（Brazil）、ロシア（Russia）、インド（India）、中国（China）の頭文字からとった「BRICs（ブリックス）」という言葉を聞いたことがあるでしょう。中国やインドのように、著しい経済成長をとげているのです。

ブラジル人の生活に、いかに余裕が出てきたかを示すエピソードをご紹介しましょう。

ブラジルで、ある日本の飲み物がバカ売れしています。日本人なら誰でも知っている飲み物です。何かわかりますか？　**それはあのヤクルト。**ブラジルでは大人気の飲料で、なんと今や一日に一五〇万本近くが売れているというのです。

そもそも健康食品というのは、豊かな国でしか売れません。生きるか死ぬかの毎日を送っている人たちにとって、健康をどう維持するかなんて、知った話ではありません。日本人には意外に聞こえるかもしれませんが、ヤクルトが売れている――この事実ひとつで、ブラジルがどれだけ豊かになったか、すぐに分かるのです。

では、自分で健康などに気づかい出来るようになったブラジルで、ヤクルトの次に売れるもの……それが一体何か、みなさん分かるでしょうか？

● BRICs（ブリックス）
著しい経済発展を遂げるブラジル（Brazil）、ロシア（Russia）、インド（India）、中国（China）の頭文字を合わせた4カ国の総称。

答えは新型ウイルスのワクチンです。

その理由……ここからはちょっと重い話になります。

二〇世紀以降、様々な病気が確認されていますが、その発生地帯には、ある傾向があるのです。

それは**有色人種の生活する地域ばかりで発生している、**ということ。

例えば、エイズ。これはアフリカが発生源とされています。アフリカといえばエボラ出血熱もそう。

デング熱は東南アジアや中南米で広まっている病気ですし、中国ではSARSの発生で二〇〇二年から翌年にかけて六〇〇人以上が死亡しました。二〇〇五年に鳥インフルエンザが爆発的に広がったのも中国、韓国、ベトナムなど東南アジアです。

どうでしょう。見事に有色人種の住む地域ばかりです。中でもこのところ目覚しい発展を遂げる中国で、奇妙なほど発生する例が増えています。それはなぜなのか……どうやら中国は、ある組織から〝ターゲット〟にされているようなのです。

なぜターゲットにされるのか。「経済発展したことへのやっかみ」と思う人も多いかもしれませんが、コトはそんなに単純ではありません。

●**SARS（サーズ）**
重症急性呼吸器症候群。サーズウイルスにより引き起こされる感染症。新型肺炎とも呼ばれる。2002年11月には中国広東省で発生し、2003年7月に新型肺炎制圧宣言が出されるまでの間に8098人が感染。774人が死亡した。

経済が発展した中国は、いまや「ニューリッチ」と呼ばれるお金持ち階層が増えています。お金持ちが増えるということはどういうことか、みなさんお分かりですね。そう、健康を気にする余裕がある人が増えたということです。**そこにウイルスをバラ撒く……。**最初は田舎の方で発生したとニュースになり、すぐに「猛威を振るっている」と危機感を煽る。すると、金を持っている人たちは、せっかく手に入れた富を失いたくないですから、「予防接種だ」「予防薬だ」とすぐに医者や薬局に走ります。**その結果、誰がいい思いをするのか……。**

これ以上は私の口からは言えませんが、まあ、そういうことなのです。

そして中国の次に巨大なターゲットこそブラジルなのです。もうお気づきですよね。**二〇一四年のワールドカップ・ブラジル大会。そして立て続けに開催される、二〇一六年のリオデジャネイロ五輪。こんなに重なって開催されるのは偶然なのでしょうか。裏にシナリオがあるように思えませんか？**

●富裕層が住むブラジルのリゾート地。

有色人種の国であり、今は裕福になっているブラジル。これだけで条件は十分そろっています。ここで世界的に注目度が高く、世界中の人が集まるこの二つの大会が開かれる。新型ウイルスによる病気は、大会期間中、または終了してから発生するでしょう。

するとと何が起こるか。

ブラジル国内では、裕福になった人々が薬や注射を求めて殺到します。そしてそれと同時にブラジルから母国へ帰国した人たちが「新型ウイルスを持ち帰ったのではないか」と問題になります。何しろ世界から人が集まり、世界中から注目されているイベントです。新型ウイルスの情報はあっという間に世界中に広まり、帰国した観戦者=感染者ではないかと、パニックになること必至です。そして世界中で薬と注射を求める人が殺到するのです。

世界的なイベントとして注目度を集めているだけに、これが現実に起これば、ブラジルは世界中から信頼を失い、激しくイメージを損なうことになるでしょう。

それを望む人、それで得をする人が確実にいるのです。

信じるか信じないかはあなた次第です。

二〇二五年 ハゲ女ブーム

あなたは普段、どんなシャンプーやリンスを使っていますか？　まさか何も考えないで、周りの人と同じようなものをスーパーやドラッグストアで買ってはいませんよね？　もし買っていたとしたら、あなたは将来的にハゲるかもしれません。年齢にもよりますが、このままでいったら、二〇二五年には女性がハゲていることが当たり前になっている。ここでは、そんなお話をしましょう。

実はこんなデータがあるんです。女性の一〇人に一人は薄毛で悩んでいる――。医学的には、女性は女性ホルモンが多いため、男性よりもハゲにくいことは確かです。しかし、実際に女性の薄毛は確実に進行しているのです。

ストレスでしょうか。いえ、科学的にハゲさせられているのです。

多くの人が一般的に市販されている商品を使っていますよね。CMで流れているおなじみのものだから安心？　そんな考え方がもっとも危ない。**日常的に使うものだからこそ、視聴者はメーカー側に利用されてしまう。**

みなさんは、経皮毒（けいひどく）という言葉を聞いたことがあるでしょうか。文字どおり、皮膚を経由して体内に入ってくる毒のことです。一般的には、皮膚から有害性のある化学物質が吸収されることを指します。

人間のカラダの中で一番吸収力が高い器官は舌です。次が皮膚。**中でも頭皮の毛穴は、皮膚よりも大きい**のです。そこへ、シャンプーやリンスに含まれる**人体に有害な化学物質が入り込んでくる**のです。

一般的に市販されているシャンプーやリンスを使うと、髪はツルツル、サラサラになりますよね。しかし実はこれ、髪の毛の表面をやすりで削っているようなものなのです。シャンプーやリンスに含まれている有害な化学物質が、じわじわと毛根を弱らせ、毛を

●国立三重大学の実験によると、ネズミにリンスを塗ったところ10日後には皮膚が剥げ落ち、二度と毛が生えない状態になったといいます。また水槽に市販のシャンプーを入れると、60分以内に六匹のメダカが全滅したそうです。

細くし、枝毛を増やし、薄毛の原因を作っているのです。

以前は男性だけがフィーチャーされていましたが、**女性がハゲる時代が、すぐそこまで来ている**のです。

最近、女性用のカツラ（ウィッグ）のCMが増えていますよね。あれはカツラメーカーが、シャンプーの悪さを知っていて、**今後、どんどん女性のハゲが進行していくことを確信している**からと聞きます。

もしあなたがカツラメーカーの社員だったらと考えてみてください。女性と男性。ハゲた場合により確実にカツラを買うのはどちらでしょうか。

世の男性は「仕方がない」とあきらめて、買わない人もいるでしょう。しかし女性の場合は、そのほとんどが間違いなく買うはずです。だとすれば、**どちらがより確実な〝ターゲット〟になるか。**答えは出てますよね。

話はこれで終わりません。ハゲるだけならまだしも、**もっと重大なことが女性の体に**

●1995年。『買ってはいけない』という本が大ベストセラーになりました。この本は、世間に流通している食用品や日用品などに含まれる化学物質や食品添加物の危険性を訴えたものです。

起きるのです！

有害な化学物質は毛穴の大きな頭皮から侵入してくる、というのはご説明したとおり。つまり、体内にも影響を及ぼしているのです。

仮にシャンプーを一気に飲み干せば、間違いなくタダでは済みません。最悪のケースもあり得るでしょう。

しかし、多くの人々はその成分を数ヵ月かけて、**ゆっくりゆっくり頭皮から飲んでいるのです。**

ある研究機関の報告によると、体内に取り込まれた毒素は、女性の場合、子宮にたまりやすいとされています。つまり女性の四人に一人は罹っていると言われる子宮内膜症や、重度の生理痛、年々増加傾向にある不妊症の原因が、**実はシャンプー&リンスにもあると言われているのです。**

また、産婦人科の医者に聞いたこんな話があります……。**それは「生まれたばかりの赤

ちゃんからリンスの匂いがする」というものです。なんとも怖い話です。

かつて厚生省は、アレルギーなど人体になんらかの悪影響がある可能性のある化学物質に対し、成分表示を義務付けました。シャンプーやリンス、台所用洗剤や化粧品などの裏側に書いてある小さな字がありますよね。アレです。

しかし、二〇〇一年から全成分表示が法律によって義務付けられました。体に良い成分も悪い成分もごちゃまぜになってしまい、有害な化学物質が見極めづらくなってしまったのです。

では一体、人体に有害な化学物質とは何か？　いろいろありますが、代表的なものは合成界面活性剤です。

ためしに、お手元のシャンプーやリンス、化粧品を裏返して成分表示を見てください。合成界面活性剤とは書かれていないですか？　書かれていないからといって安心してはいけません。合成界面活性剤はさまざまな種類があります。成分表示には化学に詳しい人しかわからない、物質名で書かれてあるのです。

その名前こそが**ラウリル硫酸ナトリウム**です。

そもそもシャンプー工場に入っていくトラックは、危険の〝危〟マークと書かれた看板をつけています。さらに工場内では、毒物処理の際に着用される防護服で作業が行われています。これは一体どういうことなのでしょうか。

二〇二五年。女性のハゲが当たり前になっている――。

資本家たちは、そんな近い将来を見越して、カツラメーカーに投資をしているという話を聞きました。だからこの不況時にもかかわらず、たくさんCMが打てるんでしょう。**なぜならそこに金儲けにつながるビジネスチャンスがあるからです。**

ある大手広告代理店の知り合いに聞いたんですが、もうすでにそんな女の人たちをハゲ女（じょ）と呼んで、トレンドに組み込むマーケティングも進んでいるそうです。

これを聞いてウソだと思う方。**私たち消費者は、お金を出す側の人間。つまり操られる側。もしもカツラメーカーと、シャンプーやリンスを作る会社、そして資本家たちが裏で**

●ラウリル硫酸ナトリウム以外にも、保存料のエデド酸塩、保湿剤のプロリレングリコールなど、有害な化学物質は、ここでは書ききれないほど多岐にわたります。

手を組んでいるとしたら……。

戦後、日本が経済的に豊かになり、一般市民がシャンプーやリンスを当たり前に使うようになってから、女性の薄毛が増えてきたと聞きます。

戦前、国民すべてが貧しかった時代には、そもそもシャンプーやリンスはなく、みんな石鹸で簡単に洗い流すだけでした。結果的にそれが良かったわけですが。

近年、薄毛で悩む女性が増えているのは、幼少の頃から、頭皮から有害物質を飲み続けてきたからではないでしょうか。

もしあなたにお子さんがいるとしたら、同じことを繰り返していいのでしょうか。

毎日使うものに気を配ることは、自分自身を守ることにつながります。この際、無添加や低刺激のシャンプーをお選びになってもいいのではないでしょうか？

信じるか信じないかはあなた次第です。

夢の国行きタクシー

デコタクもそうですが、個人タクシーはタクシー会社より車両の自由度が高いので、いろいろなタイプの車が存在しています。有名なのはエアロパーツを装着した走り屋タクシー、ベンツやレクサスに通常料金で乗れる高級タクシー、また、真空管アンプを積み、めちゃくちゃいい音でジャズを聞かせるジャズタクシー、なんてのもあります。そしてサンリオグッズを満載した「キティちゃんタクシー」も一時噂になりました。ただ、こうした車は数が少ないから、なかなかお目にかかれないんですね。

そんな中で最近、ある女性から聞いたのですが、**あの夢の国を髣髴(ほうふつ)とさせる「デ○ズニータクシー」というのに友達と一緒に乗ったそうです。**

といっても、単にミ🐭キーやミニ○の縫いぐるみが並んでいるとか、そういう単純な話ではありません。これがホント、深いんです。

まず車を止めると、ドアは自動で開くのではなく、運転手が自ら降りて後部座席のドアを開け、「プリンセス、どうぞ」と招き入れてくれます。中に入ると目に入るのは、デ○ズニー系のホテルのような上品でクラシカルなデザイン。シートはフワフワです。運転手をよく見ると、**制服も夢の国で見たことがあるような衣装。**それに身長一八〇センチ以上ありそうなハーフ顔のイケメンで、ちょっとサッカー選手の闘莉王に似ているそうです。

イケメン運転手は道の確認などのたびに「プリンセス」と呼びかけてくれます。高級感ただよう車内、かっこいい運転手の一流の接客、あなたはお姫様になったような気分に浸れます。

耳を澄ますと、聞こえてくるのはデ○ズニー系の音楽。そして運転手は楽しいデ○ズニートークを繰り広げてくれ、**全ての隠れミ○キーの場所を書いた地図をサービスでくれるそうです。**気分が乗ってくるとキャラクターの物まねまで披露してくれるそうで、この運転手、本当にかなりのデ○ズニー通なんだそうです。

目的地に到着し、現実に戻る時が来ます。料金を支払わなければいけません。あなたが「いくらですか」と聞くと、運転手は「夢のトンネルの通行料は、○○です」とイキな返答をします。お釣りがある場合は「夢のトンネルの記念硬貨です」と言って渡してくれるそうです。

どうでしょう、この徹底ぶり。もしあなたがデ○ズニー好きだったら、たまたまこんなタクシーに乗ればかなりうれしいですよね。まさに夢の国の夢のタクシーです。

しかし……。

気をつけなければいけないことがあるそうです。なんでも、車内でデ●ズニートークがはずみ、お客の女性もノリノリになってくると、**運転手は「なんだかデ●ズニーランドを見に行きたくなったなぁ。お金はいいから一緒に外から花火を見に行きませんか?」と言い出す**そうです。**花火も上がる頃だし、**もしこれに「うん、行く!」と乗ってしまったら最後。車は葛西を越え、舞浜を越えても高速道路を降りず、そのまま千葉県の奥地へ……。

その後、その女性はどうなったかというと、**友達がレイプされている間に男の目を盗み、命からがら、どうにか逃げ出した**そうです。そしてこのタクシー運転手は、いまだに捕まっていなく、友達も帰って来ていないそうです。

今後、夜あなたがタクシーに乗る時は、一度中をよ〜く確認してから乗るようにしてください。

信じるか信じないかはあなた次第です。

MR. URBAN LEGEND, STEVEN SEKIELBERG

関暁夫の都市伝説コラム

大人のデ○ズニーランドの楽しみ方

その2 黄金のミ○キーのありか

第一弾でご紹介した、ビ○グサンダー・マウンテンの黄金のミ○キー。本で紹介した後の反響が非常に大きく、改めて日本でのデ○ズニーランドの人気の高さを実感したわけですが、実はこの黄金のミ○キーについて説明しているビデオがあったのです。

そのビデオはビ○グサンダー・マウンテンを建設中に、スポンサーのみに配られたもので、内容はアトラクションのメイキング。その中で黄金のミ○キーについて説明され、ポイントも示されていたのです。

気になるそのポイントは？　それは岩が崩れてグラグラと揺れている場所。思わずその岩を見てしまうでしょうが、そのとき、後ろを見てください。

黄金のミ○キーがひょっこり顔を出します。

ただ、一日に二回だけ。それは、午後○時と○時の33分だと言われています。運良くその時乗っていたら、見られるかもしれません。

信じるか信じないかはあなた次第です。

第三章 鏡花水月

流れる水のごとく

坂本龍馬と8

日本の歴史上の人物で、最も人気がある人……。それは坂本龍馬だと断言して間違いないでしょう。昭和の途中ぐらいまではそこそこの存在だったのに、今やあっちこっちの町が龍馬との接点を探し出して、町おこしに使おうと必死です。それだけ客を呼べる存在ということですね。

龍馬がここまで人気になったのは、作家・司馬遼太郎が『竜馬がゆく』で書いた龍馬像が、あまりに魅力的だったからです。**つまり、小説のおかげってことです。**なにしろ、それまでの龍馬は、そんなに優遇される存在ではなかった。例えば、妻・お龍さんのお墓は、今は横須賀の信楽寺の中の目立つ一角にあるのですが、平成十年まではなんと寺の外、門の横にあったんです。「檀家じゃないから」というのがその理由だったとも言われますが、門の外って随分な扱いですよね。司馬さんのおかげで龍馬の知名度と人気がグンと上がり、平成十年にやっと寺の中のいい場所に移されたんです。

まあ、司馬さんが書いたのは、あくまで小説であり、史実をベースにした創作。**だから「龍馬」ではなく「竜馬」**なんですが、もう世の中、そんなこと関係なくなっているようで……。

ところで、この坂本龍馬、生涯、ある数字と深い縁があったことをご存知でしょうか。「悪魔の数字＝６６６」のように、坂本龍馬といえばこの数字、というのがあったのです。

それは「8」です。どういうことか、具体的に見ていきましょう。

まず、生まれたのは一一月一五日。全て足すと１＋１＋１＋５＝８になります。そして父親の名前は「八平」。父の死後、その後の人生に大きな影響をもたらす二度目の江戸剣術修行に出たのが８月。その後一度土佐に戻り、脱藩後に江戸に入ったのも８月。妻・お龍と結婚したのも８月。歴史を変えることになる西郷隆盛との初対面も８月。後に薩長和解のきっかけとなる亀山社中としての初仕事（グラバーから銃を仕入れ、長州藩へ転売）も８月のことでした。

そして、あの有名な「薩長同盟」。薩摩の西郷隆盛と長州の桂小五郎（のちの木戸孝允）を初めて会談させようとしたのは五月二一日（５＋２＋１＝８）です。この時は西郷が同意せず失敗に終わりましたが、翌年、西郷と桂が初めて会談したのは一月八日でした。

亀山社中の後に組織した海援隊では、武器を運搬していたいろは丸が紀州藩の軍艦と衝突し、沈没する事件がありました。この時、龍馬が紀州藩に要求し、見事にせしめた賠償金は8万3526両198文。これは8、3＋5＝8、2+6＝8、1+9+8＝18、つまり、888と18という数字が隠されています。888はもちろん龍馬の8にちなんだ数字。18(＝6＋6＋6)の方が何を示すかは、皆さんなんとなくわかるでしょう。

龍馬といえば忘れてはいけないのが、新しい国家体制について提言した「船中八策」。そしてそこから一歩進んだ「新政府綱領八策」。いずれも「8」つの政策をつづっています。8は漢字で書けば「八」になり、日本では昔から末広がりで縁起のいい数字とされています。龍馬は縁担ぎもあって、「8」がらみの日に重要な事柄を実行していた部分もあるでしょう。

しかし、龍馬の不思議なところは、自分で決められない誕生日、「さかもとりょうま」というなまえの文字数、父親の名前、ずっと後になって造られた高知県高岡郡にある維新で活躍した志士たちの銅像も、龍馬を含めて8体と8がらみ。そして暗殺された日まで8がらみなのです。

龍馬の最期は、みなさんご存知の通り近江屋での暗殺事件ですが、亡くなったのは誕生日と同じ一一月一五日（1＋1＋1＋5＝8）。自分でコントロールできない、暗殺による死亡日まで「8」がらみでした。

ここで初めて坂本龍馬と「8」の不思議な関係を知った人が多いでしょうが、**実は政治**

家の間では以前から知られていました。「8」を龍馬の〝暗号〟として使っている人たちがいるのです。その人たちは自分たちの党のシンボルマークに、うまく「8」を潜り込ませました。分かる人には分かるようにです。

その党はどこかって？ **それはみなさんご存知の「民主党」です。**

ではなぜ民主党が坂本龍馬を密かに担いでいるのか……。
その答えは後ほどお話しましょう。

信じるか信じないかはあなた次第です。

坂本龍馬とは何者なのか?

あの有名なキリンビールのラベル、実は坂本龍馬を表しているそうです。胴体の上半分が龍、下半分が馬、つまり龍馬です。え? ウソだろって? まあ、ビールでも飲みながらこの続きを読んでみてください。

キリンビールの前身、ジャパン・ブルワリーは、横浜の外国人商人によって一八八五年に設立されました。中心となったのはトーマス・ブレーク・グラバーです。幕末に長崎でグラバー商会を興し、薩長を支援して、坂本龍馬とも交流を結んだ、あのグラバーです。当時グラバーは三菱の顧問をしていましたから、ジャパン・ブルワリーの株主には三菱財閥も名を連ねました。三菱財閥と言えば土佐出身で、海援隊で経理を務めていた岩崎弥太郎を総帥とする財閥。**グラバーと岩崎。龍馬と縁の深い二人が関係する会社がキリンビールだったのです。**

明治二一年（一八八八年）に最初にキリンビールというブランドが発売された時のラベルは狛犬に近いデザインでした。そのラベルは一八八九年六月、グラバーの提案によってデザインが変更されます。それが現在まで続くラベルの原型です。首が長くなって頭部がより龍に似せられ、たてがみが強調されるようになりました。坂本龍馬にも背中にたてがみのような毛が生えていたことは有名です。**グラバーが龍馬をしのんで、天かける天馬のデザインを作った何よりの証拠と言えるでしょう。**

●初期のキリンのラベル。

さてその坂本龍馬、ドラマや小説や漫画で何度も描かれ、現在でもその人気はとどまることを知りません。日本最初の商社と言われている亀山社中を創立し、薩長同盟を仲介し、明治維新のお膳立てをしながらも政治の表舞台には立たず、**明治を迎える前に暗殺された悲劇のヒーローとして、今も愛されています。**

しかし、一般的に知られている坂本龍馬は、あくまで司馬遼太郎の小説に書かれたキャラクターと、**写真のイメージによって作り上げられたものでしかありません。**では龍馬の本当の姿って？　これが実に摩訶不思議。妙なところが非常に多いのです。

龍馬は亀山社中を設立してわずか三ヵ月という異例の早さで七八〇〇丁ものアメリカ製ライフルを輸入します。現在のお金に換算すると、およそ五〇億もの金額が最初の取り引きで動いたのです。その二ヵ月後には長州藩に軍艦まで用意しています。

さあ、ここでちょっと冷静に考えてください。**ただの脱藩者にすぎない龍馬が、どうしてこれだけのものを揃えることが出来たのか？**　お金はいったいどこから集めたのか？さらに、電話もメールも飛行機もない時代に、どうやってこの普通ではないビジネススピードで仕事が出来たのか？

答えは、「この取引には〝黒幕〟がいたから」です。**その黒幕こそトーマス・グラバー**でした。

当時江戸幕府は、外国商人が倒幕派の急先鋒、長州藩と武器の取り引きをすることを禁じていました。身動きが取れないグラバーが、自分の代わりに武器を売る人物として指名したのが龍馬だったのです。つまり亀山社中はグラバー商会のダミー会社だったのです。龍馬を表に出しながら薩摩、長州に武器や資金を提供していくなかで、グラバーは薩長と太いパイプを築きます。**薩長同盟を主導したのもグラバーでした。あくまでグラバーと、彼が属する組織の思惑の方が先にあり、龍馬はその使い走りにすぎなかった**のです。

一八六六年三月、薩長同盟が結ばれると、倒幕への動きが加速し、何やら不穏な事件が次々に起こるようになります。

●「グラバー邸」のグラバー像

一八六六年八月、孝明天皇の妹を正室に迎えた**第一四代将軍徳川家茂が二〇歳の若さで病死**し、翌一八六七年一月には、外国人嫌いで有名だった孝明天皇が病気で突然死します。

孝明天皇の死には早くから毒殺説がささやかれていましたが、中でも根強い説は、自分たちの思い通りにならないからと、**伊**

藤博文が暗殺したというものです。実際に明治天皇が即位すると、時代は維新へと急展開することになります。

では家茂の死因は本当に病気によるものだったのでしょうか？　どうやら違ったようです。私がある人物から聞いた話を特別にお教えしましょう。その人ははっきりと言いました。**「リョーマがショーグンを殺した」**と。徳川家茂は暗殺、**それも坂本龍馬によって殺されたのだというのです**。長州征伐に向かう途中の大坂でのことでした。**グラバーの操り人形で暗殺者。それが坂本龍馬の実像なのです**。

その人物はさらに驚くべきことを話してくれました。

皆さんは坂本龍馬の写真を見て、何か変な感じを受けませんでしたか？　龍馬は脱藩者です。江戸時代の途中まで、脱藩は家を断絶され、死刑になることもある大きな罪でした。幕末になると藩も黙認していましたが、それでもおたずね者が自らの顔写真を撮って配りまくるのは、やはりおかしい。なぜ龍馬はそんなことをしたか？　それは思いもかけない理由からでした。**あの写真の人物、実は坂本龍馬ではない**と言うのです。

脱藩者であるというばかりではなく、グラバーの協力者として汚れ仕事に従事していた坂本龍馬は、つねに命を狙われる危険がありました。そのため影武者が用意されていたのです。そしてあの写真、**実は龍馬本人ではなく、影武者の写真**だったと言うのです。写真の人物を龍馬だと信じさせて目をそちらに向け、その陰で本物の龍馬は家茂暗殺やグラバーとの陰謀に従事していたのです。

●この人物は、いったい誰なのか……。

一九世紀前半にフランスで開発された写真は、フリーメーソンのメンバーであったとされる物理学者フランソワ・アラゴの働きかけによって、特許を政府が買い取り世界へと普及させました。政府が買い取った理由、**それは洗脳の道具として「使える」からです。**

一八五九年、開港したばかりの横浜に、その新技術を持ってやってきたのがピエール・ロシエです。彼の出身地であるスイスのフリブール州はフリーメーソンのロッジが多く存在するところで、彼もフリーメーソンのメンバーでした。そのロシエに写真術を習ったのが、**坂本龍馬の写真を撮った上野彦馬です。**

人々を洗脳するメディア、音楽、絵画、映画などの製作者はほとんどがフリーメーソン、あるいはイルミナティの配下です。写真もまた例外ではありません。そうしてみると、上野彦馬がロシエから受け継いだのは、**写真術だけではなかった**のかもしれません。

民主党本部ビルの上にピラミッドの目があることが知られるようになった時、一部の人はただのペンタ○クスの看板ではないかと笑いました。しかしそもそも写真、カメラというものが、その最初からフリーメーソン抜きでは考えられないものなのです。ペンタ○クスという名前自体、**五をあらわす接頭語ペンタと聖霊降臨を意味するペンテコステをもじって付け**

られた名前です。ペンタ○クスがそのマークを、万物を見渡す目に似せて作ったのはある意味当然と言えるでしょう。

力を持ったものが真実をねじ曲げ、歴史を作り変える。メディアはその洗脳のための道具。そう私は何度も話してきました。ここでも同じことが言えます。**この時代、もっとも新しくて、もっとも影響力を持ったメディア、それは写真でした。**テレビで流されたことが本当のことだと現代の人たちが考えるように、写真に写されたことが本当のことだと当時の人たちは信じ込まされていました。何より翻訳がくせものです。真実を写すと書いて写真。原語のフォトグラフにそんな意味はありません。

龍馬の話は、まだ終わりではありません。歴史家が腰を抜かすようなことをやってのけていたのです。

信じるか信じないかはあなた次第です。

坂本龍馬は生きていた！

有名な坂本龍馬の写真に写っているのは龍馬本人ではなく、影武者だったというお話をこの前にしました。暗殺者の目をごまかし、その陰でグラバーとの陰謀に従事するため、という話です。

しかしここまで読んで、「でも結局暗殺されたよな」と思っている人もいるかもしれませんね。

歴史の常識はそうです。しかし真実は違います。**龍馬は生き延びました。幕末に暗殺されたのは、影武者の方だったの**です。

本物の龍馬は明治維新を生きのび、その後、**海外に渡って事業を始め、裏から日本にも影響を与えていた**、という話があるのです。もちろん、海外渡航が簡単ではない時代に海外へ行けたのはグラバーがいたからです。

暗殺の様子は、龍馬とともに襲われて死んだ中岡慎太郎の証言で明らかにされています。

しかし斬られた中岡が、当時の医療で三日間も生き延びることが出来たのでしょうか？ひん死の状態で、襲撃の時のことを思い出しながらちゃんと語れたでしょうか？　普通に考えれば無理なことです。**現在知られている暗殺の話は、全部作られたものなのです。**

　では暗殺事件の真相とはどのようなものだったのか？　**実は襲撃の真犯人は長州藩だったのです。**薩長同盟を仲介して新政府のあり方を考案し、グラバーとも薩摩とも通じている坂本龍馬。龍馬がこれ以上力を持ち、政治に介入してくることを嫌った長州藩が、**暗殺計画を企てた**のです。

　しかし同じ長州藩でも伊藤博文は龍馬と仲がよく、計画を知った彼はまず土佐藩に助けを求めます。板垣退助は伊藤の話を聞き、龍馬を助けようと考えたのですが、後藤象二郎は聞き入れませんでした。**後藤は龍馬が動いていた大政奉還の手柄を、自分のものにしたいという思いがあった**のです。そのためには暗殺は好都合でした。維新の立役者の一人でありながら、**後藤象二郎がお札の肖像にならないのは、この時のことが原因なのです。**

　後藤が拒否する以上、土佐藩が動くことは出来ません。そこで伊藤と板垣は、薩摩の西郷隆盛に助けを求めました。西郷との密会は、**長崎のグラバー邸の屋根裏部屋で行なわれました。**そして西郷とともに話を聞いたグラバーは、すぐに資金を用意して薩摩藩士を京都へ送り込んだのです。

●後藤象二郎
『幕末・明治・大正 回顧八十年史』より。

そして襲撃直前、**本物の龍馬はなんとか逃げ出し、刺客は影武者を龍馬だと思い込んで中岡ともども殺害し、立ち去ります。**駆けつけた海援隊の白峰駿馬(しらみねしゅんま)や土佐藩の谷干城(たにたてき)らは、殺されたのは影武者だとすぐに気づきましたが、**龍馬が生きて逃げていることを脱出させた薩摩藩士から聞き、ならばこの事実は表に出さない方がいいと、永久に口を閉ざしました。**

今語られている〝史実〟はこうやって作られていったのです。**暗殺現場から逃げ出した龍馬は、岩倉具視(いわくらともみ)によって匿(かくま)われ、時期を見てグラバーによって長崎から海外へと渡ったのでした。**

その後、日本の政治は長州藩が主導権を握るようになります。そしてその流れは第二次世界大戦後まで続き、**自民党へと引き継がれます。**長州藩とその後継者たる自民党は、龍馬のことなどすっかり忘れていました。**しかし実は生きのびていた龍馬は、復讐のためにずっと備えていた**のです。

その意志を引き継いだ人物が、ある党に入りました。**民主党です。民主党のロゴマークは「二つの円」「無限大∞を意味する」などといろいろ説明されていますが、それは表向きの理由。本当は龍馬の象徴である数字「8」を取り入れ、同時に龍馬の故郷、高知県の**

桂浜から昇る太陽を描いたものだったのです。

そして民主党は、二〇〇九年の衆院選で、ついに自民党を破り、**政権交代という革命を実現します。龍馬の〝復讐〟がついに成し遂げられた**のです。

そういえば、民主党の小沢一郎氏は「ジョン万次郎財団」の会長を務めていました。ジョン万次郎は龍馬と同じ土佐出身で、龍馬の思想に大きな影響を与えたといわれる人物です。**これは偶然なのでしょうか。**

●高知県土佐清水市にあるジョン万次郎像
この像を建てたのも小沢一郎氏です。
高知出身ではない人がなぜ……（手にはコンパスと定規が）。
撮影：Muramasa

板垣退助、岩倉具視、伊藤博文という面々がお札の肖像に起用されたのには、グラバーの意志が込められています。より正確には、グラバーが属した組織の意志です。ではなぜ龍馬はお札にならないのか。**影武者の写真しかなく、本当の顔が分からないからです。その代わりに龍馬は、天駆ける天馬に乗ってこの世に生まれたという聖徳太子に見立てられ、お札になったのです。**それにしても坂本龍馬の本当の顔はどんなだったのでしょうかね。

ところで、**日本を脱出した龍馬は、いったいその後どこへ行ったのでしょうか？**

残念ながら今は言えません。でも、この本のどこかにちょっとだけヒントが書いてありますよ。

信じるか信じないかはあなた次第です。

お札の肖像になった影の実力者たち。

●旧百円札（B号券）板垣退助
1953年12月1日発行開始、
1974年8月1日支払停止。

●旧五百円札（C号券）岩倉具視
1969年11月1日発行開始、
1994年4月1日支払停止。

●旧千円札（C号券）伊藤博文
1963年11月1日発行開始、
1986年1月4日支払停止。

●旧五千円札（C号券）聖徳太子
1957年10月1日発行開始。
1986年1月4日支払停止。

●旧一万円札（C号券）
1958年12月1日発行開始。
1986年1月4日支払停止。

中国の秘密結社

中国……最近すごく勢いがありますね。お金持ちが一気に増えて、いまや日本のデパートには、中国人観光客の買い物が頼りって店もあるぐらいです。

ここまで経済成長できた裏には、ある秘密結社の存在があったようです。フリーメーソンかって？　それは読めば分かります。

日本ではあまり知られてませんが、中国は古くから秘密結社が盛んな国です。国を治める王が絶大な権力を持ち、横暴な振る舞いをすると、それに抵抗する人たちは秘密結社を組んで地下に潜っていきます。**世界中にはびこるチャイニーズマフィアも、秘密結社を由来とするものがほとんどです。**

中国の父とも言われる孫文は、革命を起こす際にもっぱら秘密結社に頼っていました。

紅幇（ほんぱん）や青幇（ちんぱん）、天地会などさまざまな秘密結社とつながりを持って、彼らの力で中国革命を

●孫文

起こしたのです。一説によると、彼はフリーメーソンにも加入していたのだそうです。

中国とフリーメーソンって、ちょっとイメージがつながらないかもしれないですが、入り込んでいくきっかけは、実に分かりやすい歴史上の出来事でした。**アヘン戦争です。**

アヘンつまり麻薬を清に密輸出して利益を上げていイギリスに対し、清がアヘンの取り締まりを強化したところ、イギリスが逆ギレして一八四〇年に始まった戦争です。戦争はイギリスの勝利に終わり、清は不平等な条約を結ばされるわけですが、この時、香港島を取られてイギリスの領土にされてしまいます。一九九七年にイギリスから中国に返還されたわけですが、そのきっかけがアヘン戦争だったんですね。**そして、この香港と、条約で開港させられた上海に次々とフリーメーソンが進出して来た**わけです。

イギリス支配下の香港で中央銀行の役割を果たし、今も香港ドルを発券している香港上海銀行という銀行があります。それを設立したのはフリーメーソンの幹部だったサッスーン家のひとりです。彼はユダヤ人であり、ロスチャイルドの一族でもあったのです。

上海を拠点にしていて、あのトーマス・グラバーが代理人を務めていたことでも知られる商社、ジャーディン・マセソン社もまたユダヤ系、ロスチャイルド系の企業であり、フリーメーソンの重要拠点の一つだと言われています。

●ジャーディン・マセソン商会
香港（登記上はバミューダ諸島・ハミルトン）に本社を置くロスチャイルド系の持株会社。創設から170年たった今でも、アジアを基盤に世界最大級の国際コングロマリットとして影響力を持っている。

第二次世界大戦が終わり、中国を支配することになった共産党は、全ての地下組織、秘密結社を禁止しました。**結社を組んでいた人は中国からは逃げ出し、香港や台湾、世界中のチャイナタウンに散らばった**のです。しかし、そうした状況下でも、フリーメーソンだけは存在を許されてきました。外国の組織だからというタテマエですが、**実は共産党もフリーメーソンと深い関わりがあったからです。**

話は第一次世界大戦にまでさかのぼります。戦後の復興に人手がいくらあっても足りないヨーロッパに、中国から留学を希望する若者がたくさん渡りました。働きながら勉強する勤工検学運動が流行ったのです。この時ヨーロッパに渡った青年たちの間で共産主義が広まり、共産主義青年団が結成されます。この組織に当時フランスに留学していた周恩来、鄧小平（とうしょうへい）も入っていました。そう後の共産党の大物たちもいたのです。

周恩来、鄧小平は、このヨーロッパ滞在中にフリーメーソンと接触し、密接な関係を築きました。これはこの組織に属していた活動家が証言しています。

そして中国に帰ると順調に出世し、フリーメーソンの思惑通りに共産党を動かすようになります。共産主義の国で、社会主義的市場経済とは名ばかりの、資本主義そのものを導入しようとしたのはこういった人たちなのです。

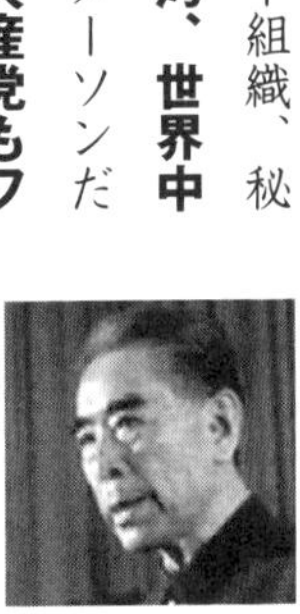
●周恩来

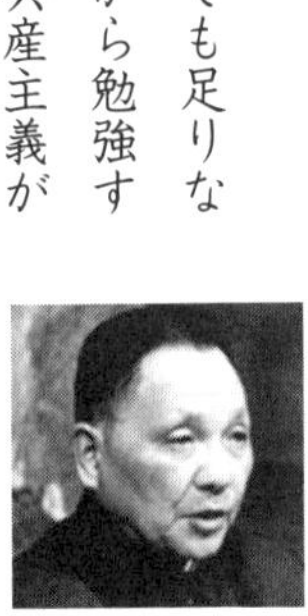
●鄧小平

こう書いてくると、中国が今のようにリッチな国になったのはフリーメーソンのおかげ、と思うかもしれませんが、違います。フリーメーソンはあくまで中国を金儲けのための〝植民地〟ぐらいにしか考えていません。中国を発展させる気なんてなく、安い労働力、巨大な市場を目当てに資本主義を導入させたのです。

ただ、計算外だったのが、**その時一緒にある組織が中国に入ったことです。それは外国に逃げいていたある秘密結社です。**共産党に弾圧されて海外へと逃げ、その地で力をたくわえていた秘密結社が、ふたたび中国に戻って来たのです。そして密かにメンバーを増やし、共産党の中にも潜り込んで、中国で大きな力を持つようになりました。**フリーメーソンは中国を牛耳っていたつもりだったのに、いつの間にか自由に出来ない国になっていた**のです。この結社は世界に広いネットワークを持ち、金も情報も豊富に持っています。その力で中国を強い国へと育て上げたのです。

今、この中国の秘密結社の力が日本にも及んできています。その秘密結社の名前が表に出てくる頃、すでに中国は戦争をしているでしょう。

信じるか信じないかはあなた次第です。

太陽エネルギーの時代

アメリカのオバマ政権がたくらんでいることのひとつを、ここでバラしちゃいましょう。と言っても、あくまで都市伝説ですよ。だからＪさん、いくら核心に迫ったことを書いても、怒らないでくださいね。

Ｊさんって誰かって？　それは本人が読めば分かりますから、それでよしとしてください。これ以上は明かせないんです。

アメリカはリーマンショック以降の経済的危機から、まだ立ち直れていません。もう、多少の経済刺激策をやったところで、効果は目に見えてます。あの国

●太陽光パネル

は根本的な仕組みを変えるぐらいの大手術をしなければ、どうにもならない状態なんですね。

そこでオバマ政権がやろうとしている〝巨大事業〟が、**「石油から電気へ」エネルギーの主体を変えることです。**「エコ」「クリーンエネルギー」への転換といえば、イメージ的にもいいですから、オバマ政権のイメージアップ作戦も兼ねて、大々的に行われていきます。

●オバマ大統領

オバマ大統領といえば、二〇〇九年に全米を結ぶ高速鉄道の開発計画を発表し、これを受けて日本のJRなどが猛烈に売り込みをかけていましたが、これもまさに「石油から電気へ」の流れのひとつです。移動手段を、石油（ガソリン車）から電気（電車）へしようというわけです。

また、実は二〇一〇年初めに突然巻き起こったトヨタ叩きの裏の裏には、この計画があったという話を聞きました。電気に移行するまでの間、「NO！ ガソリン」という流れの中で注目を集めるのは、トヨタのハイブリッド車です。

アメリカの景気を好転させるためにやるのに、日本企業に美味しいところを持ってい

かれちゃたまらない。しかも、この時点でトヨタは本格的に電気自動車には乗り出していませんでしたが、本腰を入れられたら一番怖いメーカーになるのは間違いない。**だから「トヨタ叩き」をやって先に潰しにかかり、イメージを下げる必要があったんですね。**

案の定、後になって〝ヤラセ証言〟も明らかになっていましたが、このダメージは大きく、これで電気自動車への買い替え期が来たときに、トヨタが簡単に一人勝ち出来るかは微妙になりました。

ところで、電気への切り替えといっても、結局電気を作るには石油や原子力が必要ですよね。「どこがエコだよ」「電気作るために石油使うなら同じじゃねえか」と思ったあなた、その通りです。そしてこのプランが一味違うのは、この点です。

オバマ政権は、既存の発電所を使うのではなく、**新たに大きな投資をして設備を造り、「太陽エネルギー」による発電システムを整えようとしている**のです。

鉄道の敷設、全く新しい発電所の設置、ともに莫大な金が動き、アメリカの経済も大きな刺激を受けることになるでしょう。そしてオバマ大統領も、その利権に絡んで大もうけすることになるのは言うまでもありません。**正確には〝オバマ大統領を操る人たち〟ですが。**

アメリカは、今後、太陽エネルギー開発で世界をリードすることも狙って、このプランを進めていくつもりです。「石油が売れなくなる！」と太陽発電に反対し、時には妨害していたアノ人たちも、今は賛成に回ったと聞きます。きっと利権を確保したのでしょう。

さて、太陽エネルギーへの変換の裏には、単に儲けようという以外の、アメリカの別の思惑もありました。**しかし、二〇〇八年夏に、大誤算が生じたのです。**

さあ話はいよいよ核心へと迫ってきました。アメリカの別の狙いとは何か？　そして大誤算とは？　それは次でお話ししましょう。

信じるか信じないかはあなた次第です。

中国の天候兵器

最近、毎年のように「異常気象」「異常気象」と騒いでいる気がしませんか？　確かにそういう天気が続いていますが、実は「異常気象」にも二種類あります。**それは自然なものと、人工的なもの。**「人工的だって!?」と驚かれたあなた、そう、世界は今や人の力で天候を変える時代に突入し、**我々日本人も知らない間に被害を受けていたのです。**

例えば二〇〇八年夏の異常気象を振り返ってみましょう。この年の夏は七月までは暑くて雨が少なく、七月の降水量は西日本では一九四六年以降で最少、東日本でも二番目に少なく、月平均気温も西日本では一九四六年以降三番目に高いという記録を残しています。

しかし、**八月に入ると状況は一変。**日本の各地で雷を伴う局地的な豪雨がたびたび発生し、大雨による被害も多発。平年の二・五倍という降水量を記録した場所もあり、あまりの豪雨に、気象庁は「平成二〇年八月末豪雨」と命名したほどです。覚えている人も多いでしょう。

それにしても、七月から八月に変わっただけで、なぜこんなに天候が激変したのでしょうか。

実はこれ、ある大イベントに原因があります。二〇〇八年八月に行われた、あの世界的イベントです。

そう、北京オリンピック。そして日本が豪雨に見舞われた時期も、ほぼこの時期と重なるのです。北京オリンピックは八月八日に開幕し、二四日まで開催されました。

オリンピックと日本の天気にどういう関係があるのか。もうピーンときた人もいるかもしれませんね。あの当時も少し報じられましたが、**中国は開会式の日に雨が降らないよう、なんと化学物質を積んだ「天候ミサイル」を雲に撃ちこみ、別の場所で雨を降らせることで、北京の天気を「晴れ」にしたのです。**

その後についてはあまり報じられませんでしたが、中国が「天候ミサイル」を打ったのはこの一回だけではありません。オリンピック期間中、何度もミサイルで天気を変えていました。**ミサイルを受けた雲がまとめて雨を降らせた場所、それが日本だったのです。**いわばオリンピックを成功させたい中国のせいで、日本は

●北京オリンピック開会式

豪雨に見舞われていたようなものなのです。まったく、中国という国は恐ろしく身勝手なことをするものですね。

ところで、**問題はこの「天候ミサイル」です。これは中国が開発を進めていた「兵器」なのです。**これさえあれば、好きな場所に雨を降らすことも、降らさないことも可能。つまり、どこかの国の農作物を、干ばつによってダメにすることも、適度な雨を降らせて豊作にすることも出来てしまうのです。

これまでの実験では、雲を一時的に解消してもすぐに別の雲が発生してしまい、なかなかうまくいきませんでした。実際に世界中の専門家は成功しないだろうと予測していました。

しかし、中国は「天候ミサイル」の開発に成功し、**あえて北京オリンピックの開会式という世界注目イベントを選んで実証したのです。**その宣伝効果は絶大。この事実は世界中の首脳たちに衝撃を与えました。

このことにあせったアメリカなどの各国は、これ以上中国が「天候ミサイル」の開発に成功した事実が伝わらないよう、話題をそらす作戦に出ます。**そこで代わりに話題になったのが、「開会式の花火の映像はＣＧだった」という話と、「開会式で歌った少女は口パク**

だった」という話。この分かりやすい話題にメディアはすぐ飛びつき、「天候ミサイル」の話題は報じられなくなりました。しかし、ミサイルはずっと打ち続けられ、**日本は何も知らないまま被害にあい続けていたわけです。**

さあ、では中国はなぜオリンピック開会式の舞台を選び、大々的に「天候ミサイル」の存在を世界に知らしめたのでしょう。**それはオリンピックの直前に何があったかを思い起こせば、見えてくるはずです。**

二〇〇八年五月一二日、約七万人もの死者を出した四川大地震が起きました。勘のいい人は分かるでしょう。この地震は地震兵器によって**人工的に発生させられたものです。書籍第一弾でもご紹介したように、人工的に起こされる地震は、悪魔の数字である666を足した数字の日、つまり足した合計が「18」になる日に発生します。**一九九四年のロサンゼルス大地震（一月十七日、1+17=18）、一九九五年の阪神淡路大震災（一月十七日、1+17=18）、二〇〇五年のパキスタン大震災（一〇月八日、10+8=18）、いずれも地震兵器によるものでした。

では、四川大地震が起きた日はどうなのか。単純に月と日を足しても18にはなりませんが、これは中国という相手を警戒して、ひとつひねりが入っているためです。二〇〇八年五月一二日を全て足すと、2+0+0+8+5+1+2=18。「18」です。あの地震が人工的なものであったことの証拠です。

では、なぜ中国、そして四川省が狙われたのか。

中国は当時、**オリンピックに合わせて有人ロケットを打ち上げ、月面着陸をしようと企てていました。**これが宇宙空間での覇権を維持したいアメリカの尾を踏んだのです。

台頭著しい中国が、オリンピックをきっかけに更なる躍進をするのは誰の目にも明らか。そこに宇宙開発にまで乗り出されれば、アメリカはたまったもんじゃない。

そこでロケットの発射や開発を妨害し、邪魔な存在になりつつある中国の動きを止めるため、アメリカは地震を起こしたのです。

なぜ四川だったのか？　**四川省には西昌衛星発射センターがあります。ロケットの発射場です。四川大地震の裏が、みなさんにもよく分かったでしょう。**

これに対して中国は、世界注目の大イベントで天候兵器のデモンストレーションを行ない、その力を見せつけました。そして、どうやら**さらに技術を進めた中国は、民間航空機を利用して、アメリカの気象に影響を与えることに成功した**ようです。中国からミサイルを飛ばしたのではバレてしまいますが、航空機ならまだ警戒されていません。

その結果、二〇一〇年二月、アメリカは記録的な大雪に見舞われて、東海岸の都市の機能が完全に麻痺。中でもワシントンDCでは八八年ぶりとも言われる大雪のため、停電、空港閉鎖、道路閉鎖と首都機能が完全に麻痺し、政府機関も休業を余儀なくされています。中国の実験はまた成功したのです。

これが中国の仕業だと見たアメリカは、中国の躍進を示す国家的イベント、上海国際博覧会が開かれるのに合わせて、報復に出ました。

それが約一万二〇〇〇人の死者を出した青海地震です。青海地震の発生は二〇一〇年四月一四日。4＋14＝18です。今回は十分な準備期間がなかったためか、ストレートに月と日を足した日になっていますが、**いずれにせよ人工地震であったことが分かります。**

一方、中国は上海万博の「入場者数　七千万人」というとんでもない目標を達成すべく、また天候ミサイルを打ちまくって好天を演出しています。

そして二〇一〇年夏、日本はまたその影響を受けて、とんでもない猛暑に見舞われたのです。前回と違って雨が少なかったのは、ミサイルのバリエーションが違うからでしょう。そういえば、四月に雪が降ったのも、天候ミサイルの実験の結果だったようです。

一方、日本政府は、この猛暑が中国の天候ミサイルによるものだと知りながら、中国の言いなりになり、データを集めるように言われ、日本人はどのぐらいの気温まで耐えられ

るかを調査したという話です。そこで改めて調べられたのが、真っ先に影響を受けそうなお年寄りの生死。すると調査の中で、妙な事実が発覚しました。それが「戸籍上は生存している」けれど生死や所在がわからない老人の存在です。この年、突然、「坂本龍馬と同い年で一七三歳」「二〇〇歳」といった一〇〇歳以上の不明老人が次々と見つかったのは、実はこの〝人体実験〟でデータを集めていた中での副産物だったんです。

ところで、実はアメリカは、中国が天候ミサイルの開発に成功したことに、非常に困惑しています。**天候を操る分野では中国に遅れをとっていることが明らかになったからです。これがアメリカの大誤算だったのです。**

太陽エネルギーがメインとなる時代に、太陽光をコントロールできる天候兵器があれば、世界に大きな存在感を示すことが出来ます。どこを晴れさせて、どこに雨を降らせるか思いのまま。**気にくわない国には雲を集めて〝天候テロ〟をすることだって可能です。**雨が続けば、その国は太陽エネルギーを得ることが出来ず、干上がってしまいます。

太陽エネルギーの時代には、天候を操ることが出来る国が圧倒的な力を握ることになるのです。

実はアメリカは、太陽エネルギーに転換するにあたって、儲け以外の別の狙いを持っていると前に書きましたが、それが天候兵器だったのです。アメリカは世界を支配するために、太陽エネルギーを積極的に導入するとともに、天候兵器の開発にも取り組んでいたのです。**ところがその兵器を、すでに中国が持っていた。**このままでは自らが推進する太陽エネルギーの時代に、中国に負けてしまうことになるのです。

今アメリカは天候兵器の開発に必死になっています。しかしなかなか中国に追いつけない。時々、中国が国際舞台で目立つ行動を取るような時には、人工地震を発生させて釘を刺し、そして中国は中国で報復と自分の都合のために天候ミサイルを発射し、**日本がそのとばっちりをくってしまうという、ヘンな循環が出来ています。こうした状況はしばらく続くことでしょう。**

中国に行くときは、その国際的動向をチェックしておいてください。もしかすると、地震に巻き込まれるかも……。

信じるか信じないかはあなた次第です。

第三次世界大戦へのシナリオ

ここでひとつ、みなさんの耳に入れておきたいことがあります。

どうやら、第三次世界大戦への動きが、着々と進んでいるようなのです。

なんとなく感じている人もいるかもしれません。現在、日本だけでなく、アメリカもヨーロッパも底が見えない不況に落ち込んでいますが、**不況と戦争が密接な関係にあるのは、過去の歴史が示す通り。**そして、新たに台頭してきた中国という国。**有色人種の国が力を伸ばすと、白人の国が叩きにくるのも、また歴史が示す通りです。**第二次世界大戦での日本がまさにそうでした。

第二次大戦時の日本はアジアで領土を広げ、英米などから警戒されていましたが、実は中国もある場所で影響力を広げています。**それはアフリカ大陸。**中国はアフリカの石油をはじめとする天然資源を狙って大規模な経済援助をエサに各国に近づき、各国政府との関係を強めた上で、次々と開発の権利を手に入れているんです。

また中国が接近している国は、「人権問題」や「汚職問題」で欧米が「制裁」を加えていたり、国連でも問題になったような国ばかり。いわば欧米が倫理的な理由で遠ざけているスキをついて、「アメ」を片手に擦り寄っているんですね。その国の政府が国内で汚職をしていようが、人権的な問題を起こしていようが、中国は「内政には干渉しない」と明言。そして経済的な援助ばかりか、武器の援助までして関係を深めています。どれだけひんしゅくを買っている政府であろうと、自国の味方にしてしまえば、国内のことなんて知ったこっちゃない、というわけです。

さて、こうした中国の動きに、欧米はかなり嫌悪感を抱いています。なにしろ、アフリカはほとんどの国がヨーロッパ各国の植民地でした。独立を果たした今でも公用語は英語やフランス語といった旧宗主国の言葉ですし、教育や経済の面でも強い結びつきを保っています。欧米の旧宗主国は、アフリカは今でも自分たちのテリトリーだと思っており、中国の動きを、「人の庭を荒らしやがって!」という感覚で見ているのです。

そんなこととはお構いなしに、自国の利益のために突っ走る中国は、開発事業やインフラ整備のために、中国から技術者ばかりか労働者まで送り込み、今やアフリカの中国人の人口は八〇万人以上とも言われ、**アフリカのあっちこっちにチャイナタウンを作っています。**

チャイナタウンといえば、日本人は「中華料理」ぐらいしか思いつかないかもしれませんが、**実際は情報収集などスパイ活動の拠点です。**人を大量に送り込み、生活に溶け込ませて、自国のためになる情報活動を行う。その拠点をアフリカで次々と作っているわけです。もちろん、その狙いが分かっている欧米諸国は黙っているつもりはありません。

では、実際に戦争になった場合、どういうことが起こるのか。

まずは「中国の宇宙開発阻止」もからめた〝ウイルス攻撃〟が行われるでしょう。

アメリカに地震兵器で妨害されようとも、中国は月面着陸をあきらめたわけではありません。おそらく、中国が宇宙への有人飛行を行った後に、**謎のウイルス性の病気が流行します。そしてそれは「宇宙ウイルスによるもの」ということになるでしょう。**中国政府はそんな情報を流させませんが、アメリカのメディアがそういう報道をし、中国国内で「政府が情報を統制して報じられないが、あの病気の原因は宇宙ウイルスらしい」という噂が流れるようにするのです。

もちろん、**それは宇宙船の帰還に合わせてバラまかれた新型ウイルスです。**狙いは政府の行う宇宙開発に対し、技術者やパイロット、そして国民も不安を抱くようにさせることです。

これに中国はもちろん黙ってはいません。まずは前にも話した「外国に逃げたある秘密結社」が立ち上がるでしょう。

その秘密結社は、もともとは経済にのみ力を入れていて、政治にはあまり関与していなかったといいますが、**二〇〇二年にSARSが流行った時、その死亡者のほとんどがアジア系であったことから、アジア人のみを対象とした欧米による人口削減政策の存在を知り、一気に政治化、反米化したと言わ**

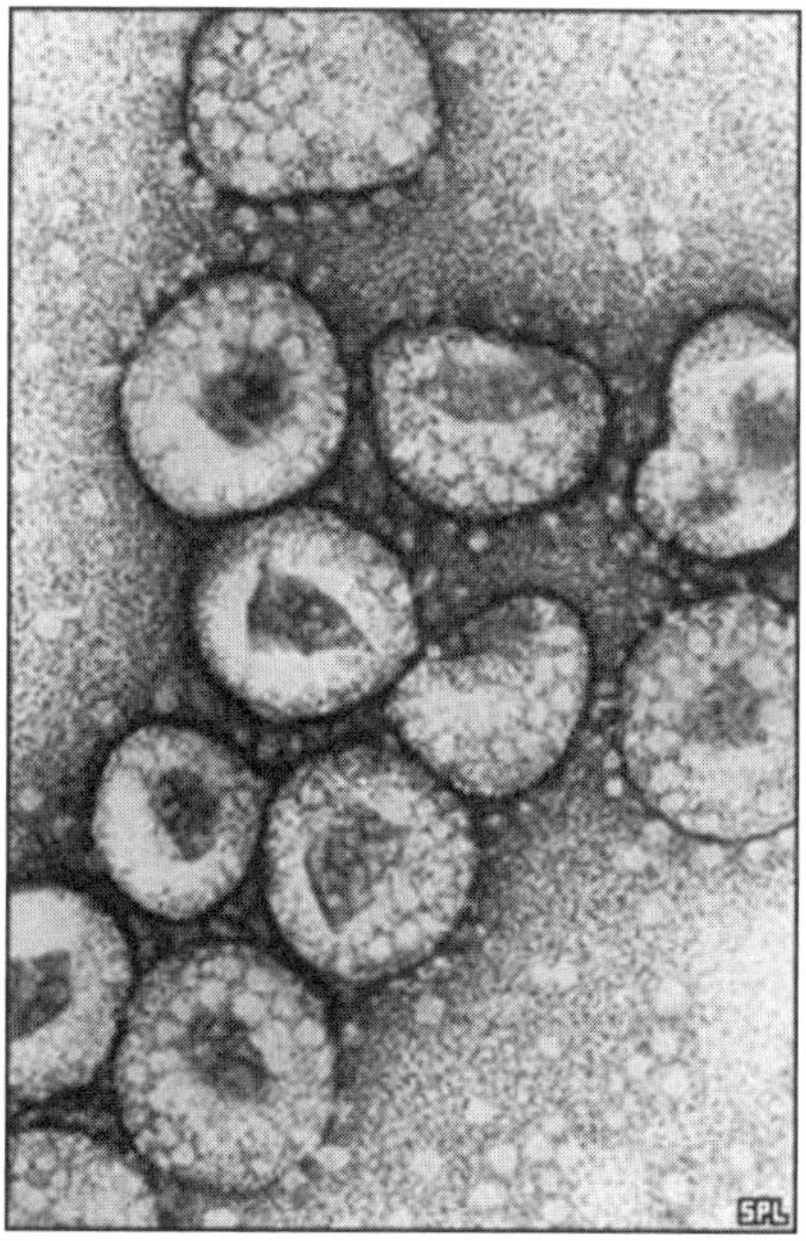

● SARSウイルス

れています。

もし宇宙ウィルスという名目で、新型ウィルスが流行して多くの犠牲者を出し、その責任が中国に押しつけられるような事態になったとしたら、天候ミサイルを欧米に向けて発射し、「食料」と「エネルギー」面でのダメージを狙うことになるでしょう。

そしてアメリカとヨーロッパを中心とした白人国家連合と、中国とアフリカを中心とした有色人種国家連合の全面戦争が始まるのです。**そのために中国はアフリカに拠点を作っているのです。**

表向きは民主国家と独裁国家間の戦争ということになるでしょうが、**内実は人種間の戦争です。そしてアメリカと中国の、世界の支配権をかけた戦争です 第三次世界大戦は、そういう性格を持った戦争になるのです。**

さてその時、日本はいったいどちら側に立っているのでしょうか？ 民主国家としてアメリカ側に立っているのでしょうか、それとも有色人種として中国側に立っているのでしょうか？

ただ、どっちについても日本にとってはあまり良いことはありません。アメリカ側につけば、今まで通りに稼いだお金をアメリカに吸い上げられるだけのこと。中国側についたとしてもやはりお金や技術を貢がされ、最悪の場合、中華人民共和国日本族自治区にされてしまうことでしょう。**そこには正義などありはしないのです。**

彼らは、自分たちだけが世界を支配する力があると思っています。そうした思い上がりが衝突して、戦争が始まるのです。

巻き込まれ、振り回されたくなければ、**日本は自立しなければなりません。**ゆがめられてしまった歴史を見直して自分たちの本来の姿を取り戻し、**軍事も外交も、アメリカや中国と正しい距離を取りながら、卑屈にならず、おごらず、対等につきあうべきなのです。**あなどられてしまえば何をされるか分からないのが世界というもの。平和ボケした頭を覚まさなければいけません。

信じるか信じないかはあなた次第です。

MR. URBAN LEGEND, STEVEN SEKIELBERG

関暁夫の都市伝説コラム

大人のデ○ズニーランドの楽しみ方

その3 スペース・マウ○テンのモデル

さぁここでは、大人のデ○ズニーランドの楽しみ方の続きの話をしましょう。

みなさんもよくご存知、私も大好きなアトラクションのひとつであるスペース・マウ○テン。暗い宇宙空間を駆け抜けるジェットコースターです。

スペース・マウ○テンは、ゴードン・クーパーの宇宙飛行士としての経験を基に作られたアトラクションです。あの迫力、臨場感、スピード感にはそういう理由があるんですね。

またスペース・マウ○テンといえば、あの独特の外観。いつまでたっても色あせない、あのデザインはどうやって誕生したのか。優秀なデザイナーを使った？ 違います。実は、ゴードン・クーパーが宇宙で目撃したUFOの形がモチーフになっているんだそうです。

スペース・マウ○テンがいつまでも魅力的な外観であり続ける理由は、地球人ではなく、宇宙人がデザインしたものだったんですね。

信じるか信じないかはあなた次第です。

鏡花水

第四章 月

月の光に照らされて

デ◯ズニースカイ構想

みなさん大好きな東京デ○ズニーリゾートの、新たな構想をご存知ですか？「シー」に続く第三のテーマパーク計画です。建築業者の間でも知る人ぞ知る話のようなのですが、この本を読んでいる人だけに特別にお教えしましょう。

「ランド」「シー」に続く第三のテーマパーク。**その名はずばり〝デ○ズニースカイ〟です。**

ランドとは、つまり「陸」。シーは「海」。これにスカイ＝「空（宇宙）」が加わり、舞浜の地に陸海空そろったデ○ズニーの世界が完成するというわけです。

驚いたかもしれませんが、眉唾な話ではありません。

アメリカ・フロリダのウォルト・デ○ズニー・ワールド・リゾートには、四つのデ○ズニーパーク、二つのデ○ズニーウォーターパークがあります。興行的に大成功を収めている日本のデ○ズニーリゾートが、なぜランドとシーのみなのか。それはまだ発展途上に過ぎないからです。考えてみてください。**何年か前から、ランドやシーではなく、〝リゾート〟という呼び名を定着させようとしていますよね。**これこそまだ「完成」ではない証拠。まだこれから出来るものがあるから、「ランド」「シー」という単体の呼び方ではなく、「リゾート」という、将来の新しいテーマパークも違和感なく受け入れられる名称を優先させているのです。

では、そこではどんな作品やキャラクターが中心になるのでしょう。

まずは二〇〇九年に公開されたアニメ映画『カールじいさんの空飛ぶ家』。これは「スカイ」を日本人に受け入れてもらうための、予告のひとつといってもいい作品でした。

日本の意外な作品も登場します。『天空の城ラピュタ』です。デ○ズニーと日本のスタジオジブリがビデオ配給や世界劇場公開（アジアを除く）などで提携している話は有名ですが、さらに二〇〇八年には元ウォルト・デ○ズニー・ジャパンの会長が、スタジオジブリの社長に就任しています。アメリカ人が得意の長期展望に従って、**ジブリとデ○ズニーはどんどん距離が縮まっているのです。**この先、デ○ズニーによる**『天空の城ラピュタ』のリメイク**という話も出てくるでしょう。これ全て「スカイ」に〝天空の城〟を作るためです。

実際、『トイ・ストーリー3』に『となりのトトロ』のトトロが出演していますね。**構想がすでに動き出している何よりの証拠です。**

さらに「スカイ」構想は、空の先、宇宙も見据えています。

フロリダのウォルト・デ○ズニー・ワールド・リゾートの近くには、NASA（アメリカ航空宇宙局）のケネディ宇宙センターがありますが、このふたつ、単に近くにあるというだけではありません。**デ○ズニーとNASAは、数年前から共同であるプログラムを進めているの**です。

それは「トーイズ・イン・スペース」という教育プログラム。

子供たちに科学や工学、宇宙や天文学的な発見に興味を持ってもらい、将来は一流の技術者になってもらおうという、発掘・育成プロジェクト。言い方を変えれば、ちょっとした洗脳プログラムと言ってもいいかもしれません。

そのプログラムの象徴になっているキャラクターが、**映画『トイ・ストーリー』に登場するバズ・ライトイヤーです。**

実際、二〇〇八年五月にはバズのフィギュアがスペースシャトルに乗せられて宇宙へ旅立ち、国際宇宙センターにまで行っています。また現在でも、NASAのホームページには、バズのゲームがあり、誰でも遊べるようになっています。**またこの「バズ」という名前が、アポロ一一号の宇宙飛行士、エドウィン・オルドリンの愛称から付けられているこ**とは、すでに話しました。

NASAとデ○ズニーがいかに蜜月な関係にあるか、よく分かったと思います。

この関係をいかして作られる第二のテーマパークこそ、「デ○ズニー・スカイ」です。もちろん、アメリカで先に開園するかもしれませんが、もともとデ○ズニーシーは、ロサンゼルスのロングビーチに開園予定だった計画が流れ、日本で実現したもの。あちらの事情次第では、日本で先にお目見えするかもしれません。

では、いつ開園するのか。**それは「18」という数字が鍵を握っている**ようです。

年表から見ると、

一九八三年（昭和五八年）四月一五日
デ○ズニーランド開園

二〇〇一年九月四日　←
デ○ズニーシー開園

二〇一九年　←
ランドが開園してから十八年後にシーが開園しています。そしてその十八年後、二〇一九年が「スカイ」の開園予定時期です。「18」という数字がどういう意味を持つか、この本を読んでいる皆さんには説明するまでもないでしょうが、景気の冷え込みが続く中で、どこまでこの予定通りに出来るか、デ○ズニーの力の見せ所です。

「スカイ」が成功を収めれば、さらに発展して四つ目のテーマパーク「スペース」が登場するかもしれ……おっと、これはまだ言ってはいけない話でした。これは二〇三七年を楽しみにしておいてください。

ではさっそく、デ○ズニースカイの世界を覗いてみましょう。まずはチケットを買わなくてはなりません。普通は印刷されたチケットですが、**スカイでは、ブレスレット型パス**

●ちなみにミ○キーの誕生日は11月18日です。

ポートが導入されます。 もちろんそれにはバーコードが入っており、指紋認証システムも並行して採用されることになります。現にアメリカ（フロリダ）では指紋を認証しないと入園することが出来ません。日本もこれにならう形になるのです。**指名手配犯の指紋データが管理システムに送られるため、逃走犯は御用となり、防犯にも一役買うことになります。**

ゲートをくぐると、案内役をつとめるテ○ンカー・ベルが、金の粉を振り掛けてくれます。夢の魔法にかかった状態でピーター○ンに導かれ、雲のエスカレーターでいよいよ未来都市（天空の世界）へ出発です。

ランドのランドマークはシ○デレラ城でしたが、**スカイでは球体のマルチパネルで作られた太陽がシンボルとして輝きます。日が暮れると太陽は月へと変わり、昼と夜とで全く別の顔をみせる、一粒で二度美味しいテーマパークになるのです。**

ト○ーンタウンにあるような、やわらかい素材で出来た地面は、企画段階で却下されたそうです。ただし、一部のエリアで採用される可能性はありそうです。またセグウェイで移動する空間も用意されるらしく、**スカイはアトラクションだけではなく、移動そのものを楽しませるようにするる**ようです。

続いてレーザー光線による演出が施されたアトラクションです。これは上海万博で使用されたハイテクレーザーがベースになっているとか。

今流行りの３Ｄより、体感することが主になり、逆バンジーや、宇宙をテーマにした無重力体験型ゲームなど、かなり大人向けの過激なアトラクションが増えるそうです。

シーで解禁されたお酒は、スカイではＮＧになります。これはアトラクションの目玉〝巨大スパ〟の構想があるからです。天空に浮かぶ温水プールが計画されており、**ここをドナ○ドが仕切ると言われています。**

ここまで読んでお分かりのように、スカイはやや年齢が上の層をターゲットにしています。カールじいさんは、その年齢層を取り込むために、うってつけのキャラクターだったんですね。

子供をターゲットにした「ランド」に通って幼少期を過ごした人が、お年頃になって彼や彼女と「シー」でデートし、大人になって「スカイ」を楽しむ。世の中の少子化&高齢化が進む中、デ○ズニーもそれに対応した策を練っています。

幼少期＝ランド、青年期＝シー、熟年期＝スカイ。デ○ズニーは利用者の成長とともに進化し、なおかつ**三世代が楽しめるリゾートを目指す**というわけです。

ランドで育った人が歳をとってスカイへ。まさかこれは「天国へ近づく」というブラックユーモアではないでしょうが、完成されるのが待ち遠しいですね。

ちなみにランド、シー、スカイ。この三つのテーマパークを上空から見るとかくれミ○キーが現れるとのことです。

信じるか信じないかはあなた次第です。

ジョージ・ルーカスの秘密

日本でも大人気の映画『スター・ウォーズ』シリーズ。言わずと知れた、ジョージ・ルーカス監督の最高傑作です。

その『スター・ウォーズ』の企画書を却下した、世界的な映画配給会社があることをご存知ですか？　向こうから針にかかってきた、大きな魚を逃した会社があったのです。それはあのワーナーとユニバーサル。そして『スター・ウォーズ』は、二〇世紀フォックスにやっと拾い上げられ、皆さんご存知の通りの大ヒット。ワーナーとユニバーサルが悔

●当時のジョージ・ルーカス。

しがったのは言うまでもありません。

『スター・ウォーズ』は今でこそ知らない人なんていないほどのメガヒット作品ですが、このように映画化するまで、そして公開するまで、ルーカスは大変な思いをしました。なにしろルーカスは『スター・ウォーズ』が大コケする悪夢に何度もうなされ、公開一週間前にハワイへ逃げています。だからあれほどのヒットに一番驚いたのは、他でもないルーカス本人だったでしょう。

ちなみに、**逃げた先で偶然顔を合わせたのがスティーブン・スピルバーグ監督。二人は意気投合し、そのとき生まれたアイデアがのちの『インディ・ジョーンズ』シリーズです。**

さて、ルーカスの心配をよそに爆発的なヒット作となった『スター・ウォーズ』。これだけの作品になると、逸話や都市伝説には事欠きません。

●『スター・ウォーズ』初公開当時のポスター

例えば、『スター・ウォーズ』には、**様々な形で「日本」が盛り込まれている**ことをご存知でしょうか。

ライトセーバーは、実は日本刀からヒントを得たものです。つまり戦闘シーンはチャンバラそのもの。衣裳も「欧米風じゃないな……」と思った人が多いと思いますが、あれは着物と柔道着がベースになっています。オビ=ワン・ケノービのオビワンは、柔道における一番を表す「黒帯」という意味が込められているのです。ダース・ベイダーの容姿が戦国時代の「甲冑」そのものであるのは一目瞭然ですね。

登場人物たちの名前にも、「日本」が色濃く影響しています。ハン・ソロは服部半蔵から。ジェダイは時代劇の〝時代〟という響きから生まれたもの。ルーク・スカイ・ウォーカーは、スカイウォーカー、つまり空を猿のように舞う猿飛佐助が由来になっていると言われています。

なお、ダース・ベイダーという名称は、ダーク・ファーザーのもじりで、ルーカス自身の父親との確執が反映されたものだそうです。主要キャラですが、こちらは時代劇とは関係ありません。

実はルーカスは、**大がつくほどの日本の時代劇好きであり、信者と言ってもいいほどの、黒澤明ファンです。**『スター・ウォーズ』が黒澤作品『隠し砦の三悪人』から多くのヒントを得ていることは、ルーカス自ら認めている話です。

そして黒澤ファンだったルーカスは、黒澤作品に欠かせない名優・三船敏郎にも出演を依頼していました。あのオビ＝ワン・ケノービ役を打診していたのです。

ところが三船さんは「誰だその監督は？」と、このオファーを断ってしまったんですね。『スター・ウォーズ』が公開されるまで、ルーカス監督は日本でほとんど知られていませんでしたから、無理もない話ですが、晩年、三船さんは「オビ＝ワンは本当は俺だった」と家族に語ったと言われています。

映画のテーマ音楽も、日本人の音楽家にオファーして断られたと言います。日

●**『隠し砦の三悪人』より。**
右の 2 人が C3-PO と R2-D2 のモデルになった
太平（千秋実）と又七（藤原釜足）。

本人によるテーマ曲に、三船敏郎氏のオビ＝ワン。実現していたら、一体どんな仕上がりになっていたんでしょうね。

世界中にファンを持つ『スター・ウォーズ』ですが、日本人ファンが熱狂する理由は、この作品が時代劇や黒澤監督へのオマージュを含んでいるからかもしれません。

ところで、ルーカス監督が自ら劇中に出演しているのはお気づきになったでしょうか？

『スター・ウォーズ エピソード３』のオペラ劇場のシーン。ボックス席にアナキンが入っていく時の画面左を注意深く見てみてください。実の娘・ケイティ演じるチー・イクウェイ議員と会話しているのが、ルーカス演じるパパノイダ男爵なのです。

ディズニーランドの『スター・ツアーズ』にもルーカスはこっそり出ていると言います。シップがぶつかりそうになっている場面で、あわてて逃げるているエキストラの一人がそうらしいのです。

さてここで、私が聞いたルーカスの秘密をお話しましょう。

実はルーカスには二人の娘がいるんですが、その**二人とも超太っている**のです。娘のひとりアマンダ・ルーカスは、格闘家デビューしているのですが、これはあまりに太ってしまったためダイエットで始めた格闘技が思いのほか上達したためです。

ニューヨークやワシントンといったアメリカの大都市では、肥満は恥という風潮が昔からあります。自己管理が出来ない証拠とみなされ、就職もままならないのが現実です。

しかも娘二人は肥満というだけでなく、かなりの〝出たがり〟だといいます。父親の映画にはもちろん、授賞式やインタビューなどでも、やたら父親にくっついて行って、カメラに収まろうとするのだそうです。

ただでさえ太った娘を人目にさらしたくないルーカスは、「娘二人が出たがりだから困っている」と、仲間に漏らしているそうです。

自分の娘を恥ずかしいと感じるのは、父親としてどうなんでしょうかね。

さて、次はそんなルーカス監督の〝大人〟の一面を表す話です。

みなさんは、近年、**日本のＡＶが海外でバカ売れしているのをご存知でしょうか。**特にアメリカ、イタリア、メキシコなどで、すさまじい勢いで日本のＡＶが売れています。

なぜそんなに売れているのか？　なんでも洋物とは違い、ストーリー、企画、女優の演技が高く評価され、特に監督が褒められていると言うのです。

海外ポルノにかつてなかった斬新な手法の数々には、**あのジョージ・ルーカスも「クロサワ以来の衝撃」と言ったといいます。**

そして、かねてから日本びいきのルーカス監督がなんと、**日本のAV女優を起用してエロ映画を制作するという話がある**そうです。しかもルーカスと並ぶ世界的な巨匠とタッグを組むと言います。気になる相手は、なんとあの**スティーブン・スピルバーグ。**『インディ・ジョーンズ』シリーズを一緒に手掛けた黄金コンビの復活です。

世界的な巨匠二人が、なにゆえにエロを？　と、多くの人が疑問に感じるでしょう。その裏には、**世界的にブルーレイを普及させたい、メーカーの思惑があるそうです。**

かつてVHSビデオデッキが爆発的に普及した理由は、AV作品が続々とリリースされたからでした。世の男性たちは、どうしてもAVが観たかったため、当時十万〜二十万以上もしたデッキを必死で買い求めました。おかげでVHSは瞬く間にベータを抜き去り、一般家庭に定着しました。

実はこの裏では、メーカーとＡＶ製作会社が裏で手を組んでいたという話があります。ＡＶをたくさんリリースすれば、世の男性はどうしてもＶＨＳデッキが欲しくなります。その結果として、ＶＨＳデッキがバカ売れ。「性を制したものが市場を制する」というわけです。

二人の巨匠は、ＶＨＳの例と同じように、ブルーレイを普及させる任務を受け、タッグを組むことになったわけです。

ルーカスとスピルバーグによる一大エロスペクタクル作品。いよいよ動き始めるようです。男として立派ですよね。

この情報は続報が入り次第、改めて伝えますので、期待して待っていてくださいね。

信じるか信じないかはあなた次第です。

ヱヴァとヒトラー

この一五年で最もヒットしたアニメといえば？　もうお分かりでしょう。そう、『新世紀ヱヴァンゲリヲン』です。

セカンドインパクトと呼ばれる大災害で、総人口の半分を失った地球を舞台に、わずか一四歳の少年少女たちが人類の未来を託されて活躍する――。

『ヱヴァンゲリヲン』通称「ヱヴァ」は、従来のアニメにはなかった登場人物たちの精神世界までを描き、世紀末の〝終末論ブーム〟ともあいまって、低予算だったことをものともせず、社会現象になるほどの大きな支持を集めました。

ではなぜこの作品がこれだけ大きな支持を集められたのでしょう。それは単に、設定や登場人物の魅力だけが理由ではありません。ファンの間で議論が盛り上がるような、**驚くほど計算された様々な〝仕掛け〟が散りばめられていた**からなのです。

物語のベースには、旧約聖書やユダヤ教義などの宗教的な要素が緻密に盛り込まれています。これはファンなら知っている人も多い話ですが、あまり詳しくない人のためにご説明していきましょう。

そもそも〝ヱヴァンゲリヲン〟とは、ギリシア語で福音（良き知らせ）を意味します。略称のＥＶＡ（ヱヴァ）は旧約聖書の「創世記」の登場人物、イヴに由来し、第一使徒として登場したアダムも、やはり創世記に登場しています。

また、番組のオープニングシーンを覚えているでしょうか？　ユダヤ神秘主義思想・カバラの象徴、セフィロト（生命の樹）が出てきていましたよね。

そしてＮＥＲＶ（ネルフ）のロゴマークは、旧約聖書で、アダムとイヴが大事な部分を隠したイチジクの葉がモチーフになっていました。

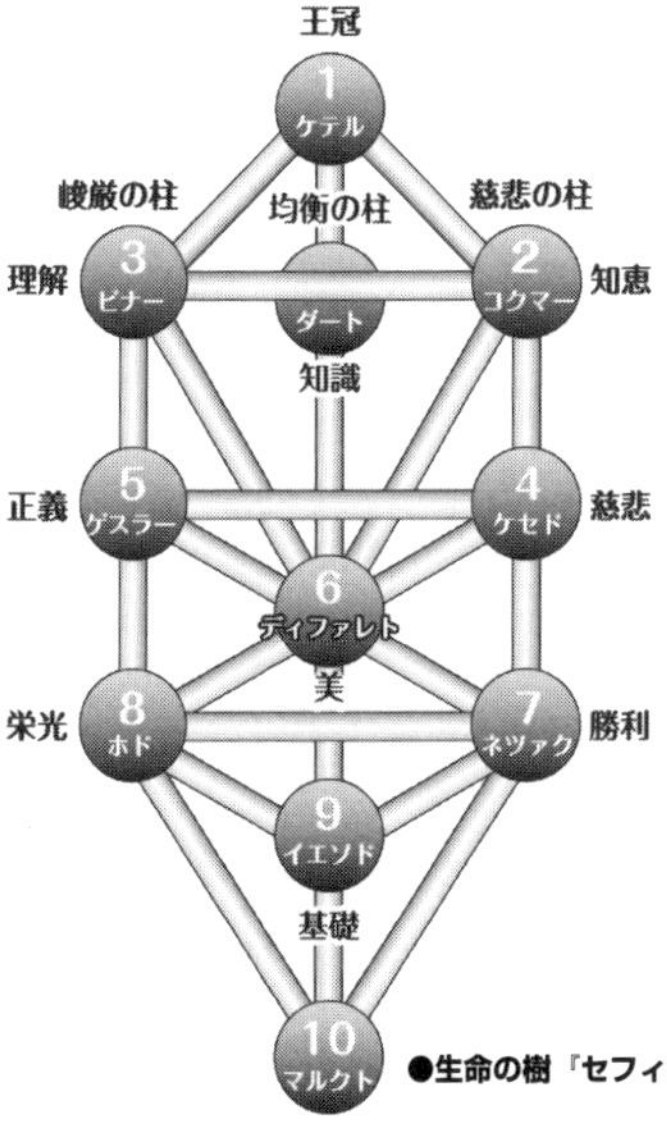

●生命の樹『セフィロト』

とはいえ『ヱヴァンゲリヲン』には宗教的な話ばかりではなく、みなさんの大好きなオカルト的エピソードもたくさんあります。

代表的なのは〝ロンギヌスの槍〟。劇中でも出てくる、巨大な二又の槍。アレです。


ロンギヌスの槍は、十字架に磔（はりつけ）にされたイエス・キリストの脇腹を刺した聖遺物、だと言われているものです。そしてこの槍を、多くの歴史上の英雄や侵略者たちが入手しようとし、奪い奪われて世界中を巡りました。

なぜ英雄たちはロンギヌスの槍を欲しがったのか。**それは「持つ者は世界を制する」**という伝説があり、所有者は戦いに連戦連勝した、と言われているからです。

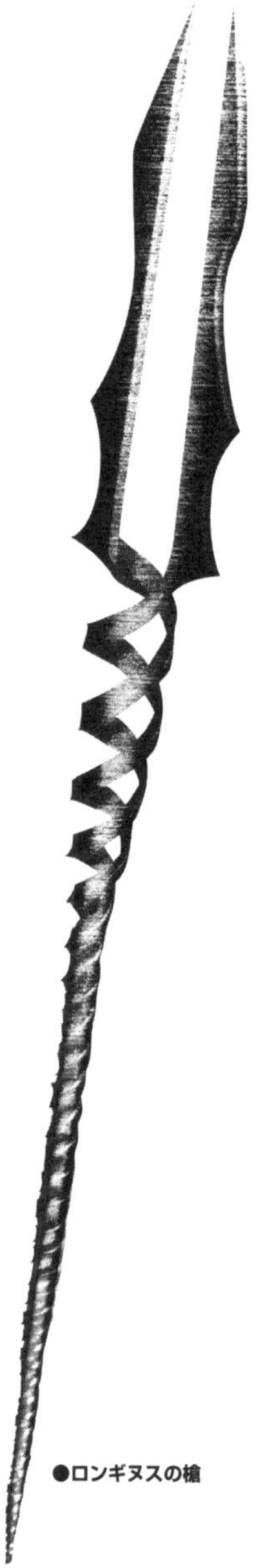

●ロンギヌスの槍

さてこの「ロンギヌスの槍」、想像上の産物ではなく、**どうやら実在するようです。**そして二〇世紀に、あの有名な歴史上の人物が手に入れた、と言われています。

その人物とは、ドイツ第三帝国総統、**アドルフ・ヒトラー**です。

ヒトラーは一九三八年、ナチスドイツがオーストリアを併合した際に、かつてオーストリアを治めていたハプスブルク家が残した財宝の中から、「ロンギヌスの槍」を持ち帰ったと言われています。

伝説の槍を手にしたヒトラーとナチスドイツは、その後しばらく快進撃を続けます。しかし、一九四五年四月三〇日、教会で大切に保管していたロンギヌスの槍は、米軍に奪われてしまいました。ヒトラーがベルリンの地下壕で拳銃自殺をしたと言われるのは、この八〇分後のことだそうです。

ちなみにヒトラーには、自殺の前日に籍を入れた妻がいましたが、その名は、エヴァ・

ブラウン。

実はヒトラーは、この妻に殺されたのではないかともいわれています。もしそうだとすれば、ヒトラーにとっての福音は、妻〝エヴァ〟によってもたらされた「死」だったのかもしれません。

ではヒトラー亡き後、「ロンギヌスの槍」はどうなったのか？　再びハプスブルク家へと戻されたというのが定説です。しかし実は米軍が持っていったのはレプリカで、本物の槍はヒトラーの家臣であるハインリヒ・ヒムラーによって南極へ運ばれたとも言われているのです。

南極……。そういえば、南極もヱヴァを語る上で外せない地です。

第一の使徒・アダムは南極から登場します。そしてそのアダムの形は、ＵＭＡ「南極のニンゲン」の姿そのものです。

●ヒトラーの妻・エヴァ・ブラウン

『エヴァンゲリヲン』が元になって語られるようになったと言われているこのUMA・ニンゲンですが、それは逆です。

「南極のニンゲン」は『エヴァンゲリヲン』が製作される以前から目撃情報があるUMAであり、明らかにニンゲンが設定に影響を与えているのです。

こうしてみると、この作品がいかに宗教的な観点やオカルト要素などをうまく盛り込み、多くの人を楽しませるように作られているかが分かりますよね。

次のページでは、まだ表に出ていないエヴァの秘密をお話ししましょう。

信じるか信じないかはあなた次第です。

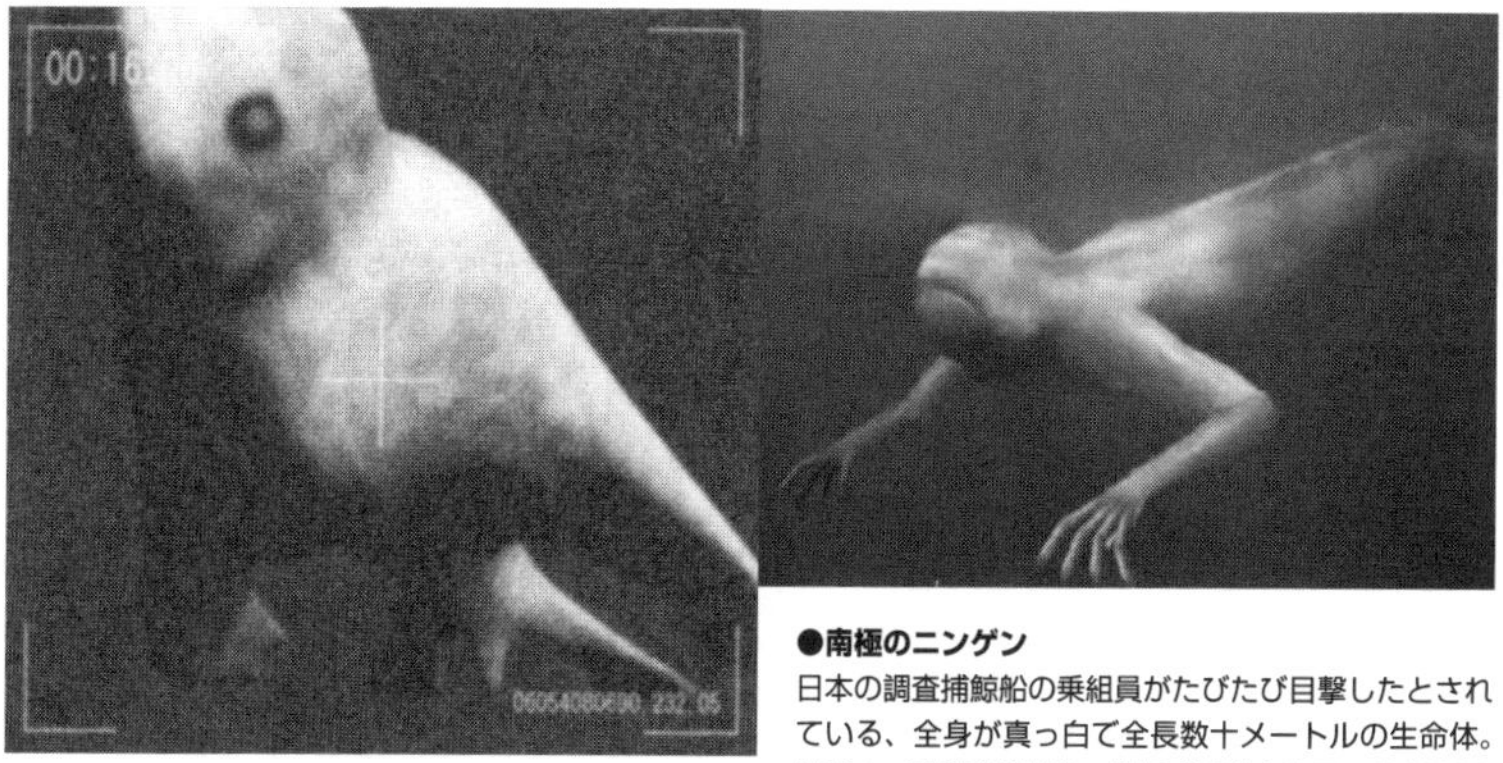

●南極のニンゲン
日本の調査捕鯨船の乗組員がたびたび目撃したとされている、全身が真っ白で全長数十メートルの生命体。UMA（未確認生物）。北極で目撃されているUMAは「ヒトガタ」と呼ばれている。

エヴァンゲリヲン名前に隠された暗号

社会現象にもなった大ヒットアニメ『新世紀　エヴァンゲリヲン』といえば、登場人物たちのちょっと不思議な響きを持つ名前も印象的でした。
碇シンジ、綾波レイ、惣流・アスカ・ラングレー、渚カヲル……。
この名前、ただ「変わっているな」ぐらいにしか思っていない人も多いかもしれませんが、実は驚くほど深い意味や法則が込められているのです。

ここでは、そんな不思議なネーミングに隠されている秘密をお話しします。

まず、作品をご覧になっていない方のために、簡単にご説明しておきましょう。

●『NEON GENESIS EVANGELION』（DVD vol.1）ジャケットより。

『ヱヴァンゲリヲン』には数々の使徒（敵キャラ）が登場するのですが、これが回を追うごとに、どんどん強くなっていく。物語がいよいよクライマックスに近づいていくと、ファンは騒然となったわけです。一体最後はどんな強敵が現れるのか？ と。

使徒は第一八番目（リリン）まで現れます。その正体は人類であり、作者の皮肉っぽい意図が込められています。

実質的な最後の使徒は第十七番目のダブリスとなりますが、その正体こそが『第弐拾四話 最後のシ者』で登場した、ヱヴァンゲリヲンパイロット

●使徒（18という数の使徒。）

番　号	呼　称　名	特　徴
第1使徒	アダム	使徒を生み出した「生命の起源」の一つ
第2使徒	リリス	人類を生み出した「生命の起源」の一つ
第3使徒	サキエル	人類の前に、15年ぶりに出現した使徒
第4使徒	シャムシエル	筒状の身体、鞭状の腕部を持つ使徒
第5使徒	ラミエル	加粒子砲で攻撃する正八面体の使徒
第6使徒	ガギエル	EVA弐号機の輸送中を襲った魚状の使徒
第7使徒	イスラフェル	同型の二体に分裂する能力を持つ使徒
第8使徒	サンダルフォン	火口において蛹状態で発見された使徒
第9使徒	マトリエル	溶解液を放つ蜘蛛のような形をした使徒
第10使徒	サハクィエル	衛星軌道上から自らを落下させた使徒
第11使徒	イロウル	MAGIシステムに介入した微生物状の使徒
第12使徒	レリエル	空中の球形の影と平面的な身体の使徒
第13使徒	バルディエル	侵食して融合を図る粘菌状の使徒
第14使徒	ゼルエル	巨漢な体躯に帯状の腕を持つ最強の使徒
第15使徒	アラエル	光る鳥のような形状を持つ使徒
第16使徒	アルミサエル	二重らせんの円環構造を持つ使徒
第17使徒	タブリス	アダムの魂を宿され人の形をした使徒
第18使徒	リリン	「人類」全体を示す

●601

『ヱヴァンゲリオン』は“数字遊び”でも楽しませてくれます。中でも有名なのは601。というのは、使徒解析の場面でよく出てきた、解析不能を意味する数字です。これはギャルの聖地・渋谷にあるファッションビル109の反対。つまりアンチギャルといわれる庵野監督の、ギャル（＝理解不能）というメッセージが隠されているというのです。

(フィフスチルドレン)の**渚カヲル**だったのです。

当時、タイトルを見てピンときた人もいたかもしれません。

渚カヲルの名字「渚」をヘンとツクリに分解すると(シ+者)、すなわち使者(→使徒)です。


さらに、名前の**カヲル**のほうにも意味があります。

なぜカオルじゃなくて、カ〝ヲ〟ルなのか?

「カヲル」をアイウエオ順で一字前にずらすと「オワリ」という言葉が出てきます。**つまり「シ者オワリ」=「最後のシ者」になるのです。**

しかし、「オワリ」という字の後に「カヲル」が存在するため、カヲルは終わりではなく、すべての始まりの使者である、と捉えるヒトもいます。

本当はどっちなんでしょうね。

また、**『エヴァンゲリヲン』に登場する主要人物は、海にちなんだ名前がつけられている**ことも有名です。
綾波レイの「綾波」も、惣流・アスカ・ラングレーの「惣流」も、葛城ミサトの「葛城」

も、赤木リツコの「赤木」も、すべて旧日本軍の軍艦名に由来しています。

碇シンジにしてもそう。船のイカリ、すなわちアンカーのことです。

しかし、イカリは一般的に『錨』と書きます。一**体なぜ『碇』のほうなのでしょうか?**

定説とされているのは、苗字は船の錨と、大学時代の友人で広告デザイナーの碇義彦から。名前のシンジは、親友である映画監督の樋口真嗣から、というものです。

監督はインタビューなどで、やたらと旧友であるとか、親友であるとか、友達と言っています。**友愛を強調するかのようなエピソードが多い、と指摘する人もいます。**

●名前の由来一覧

◆綾波 レイ
大日本帝國海軍特型駆逐艦Ⅱ型一番艦「綾波」から。

◆惣流・アスカ・ラングレー
旧日本海軍の御召艦「蒼龍(初代)」、航空母艦「蒼龍(2代目)」、アメリカ合衆国海軍航空母艦「ラングレイ」。新劇場版「式波・アスカ・ラングレー」の「式波」は、旧日本海軍の駆逐艦に敷波型 の「敷波(初代)」、綾波型とも呼ばれる吹雪型駆逐艦特Ⅱ型「敷波(2代目)」、海 上自衛隊の護衛艦「あやなみ型護衛艦のしきなみ」に由来する。

◆葛城 ミサト
大日本帝国海軍雲龍型航空母艦三番艦「葛城」から。

◆赤木リツコ
大日本帝国海軍航空母艦「赤城(あかぎ)」と、庵野秀明の中学校時代のトモダチから。

それはさておき、渚カヲルという名前があれだけ凝って作られているのに、**主人公である碇シンジの名前の由来が、あっさりしすぎていると思いませんか？**

はたして監督は本当のことを話しているのでしょうか。

答えは「ＮＯ！」です。あれだけ手の込んだ言葉遊びをする庵野秀明監督が、主人公の名前に強い思いを込めないわけがありません。

さぁここから、私がアニメ製作の関係者から聞いた、碇シンジに隠された秘密の話を明かしていきましょう。

この名前には「ヱヴァ」最大の〝暗号〟が隠されている——。なんでもフリーメーソンのメッセージが込められているというのです！

改めて『碇』という字を良く見てください。実はこの字、船のイカリを表すだけではありません。渚カヲルの〝渚〟のように、ヘンとツクリに分けてみます。すると『石』と『定』に分かれます。

「石」と「定」

こう書いて何か思い出しませんか？

ではこの後ろに、隠されていた文字を一文字ずつ足してみます。つまり「石工」と「定規」……石工が使う定規！　そう、フリーメーソンのロゴマークに含まれる、直角定規が浮かび上がるのです。

では、フリーメーソンのマークで定規とセットになっている「コンパス」はどこにあるのか？

ここで鍵になるのが「海」です。少し前に書いているように、この作品は海にまつわる名前がとても多い。

船乗りの間で、海のコンパスといえば〝六分儀〟です。

ファンの方はもうお気づきですよね。〝六分儀〟といえば、シンジの父親・ゲンドウの旧姓です。つまり、コンパスを表す父・六分儀ゲンドウと、

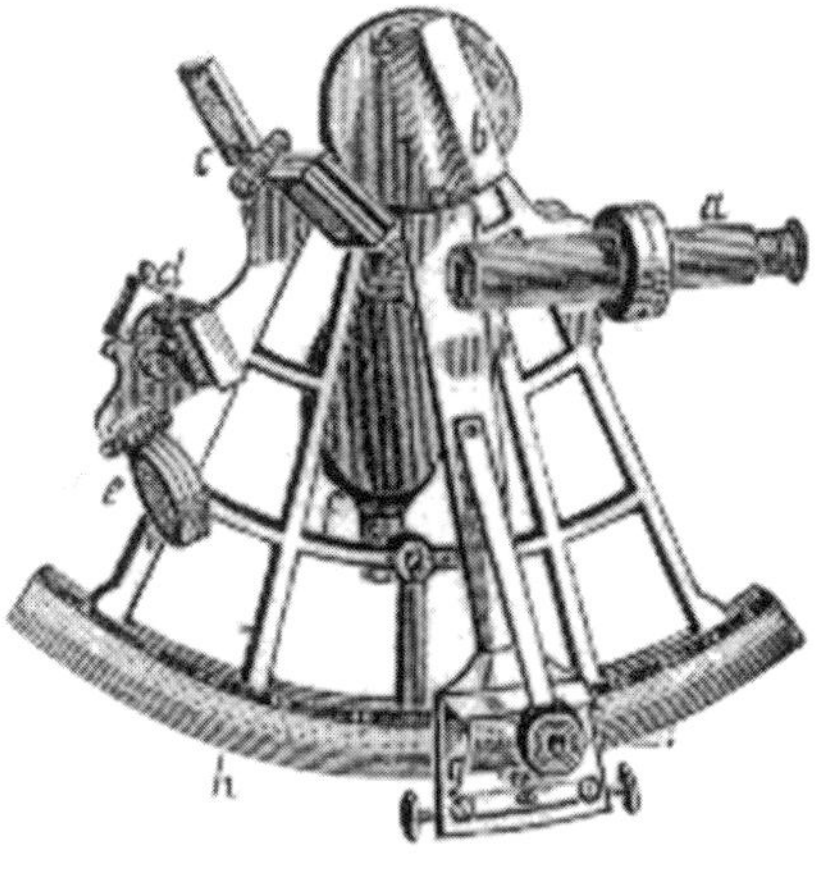

●六分儀（ろくぶんぎ）
船舶の航海のために用いられる計器のひとつ。天体の高度測定をするコンパス。ＧＰＳが壊れた際の必需品として、現在でも使用されている。

石工の定規を表す母・碇ユイ。

それが重なって宿った神の児・シンジ。

すなわち（God child）。


と、**主人公の家族の名前に、大胆にもフリーメーソンのマークが隠されていたんです。**


第一章の『フリーメーソン〜Gの真実2』でもお話ししましたが、昔から女性は「V」、男性は「Λ」と表されます。

フリーメーソンのロゴマークにおいては「V」は定規を、「Λ」はコンパスを表しています。

つまり、女性を表す「V」（定規）を作るためには、**母の名字が絶対に〝碇〟である必要があり、**男性を表す「Λ」（コンパス）を作るためには、**父親の名字がこれまた絶対に〝六分儀〟である必要があったのです。**逆では成立しません。


観ていた人は思い出してください。シンジの幼稚園児時代を描いた印象深いシーンがありましたね。夕暮れ迫る公園の砂場で、幼いシンジは、せっせとピラミッドを作っては壊し、作っては壊していました。

そもそもネルフの本部がピラミッド型だったり、一つ目のマークの使徒が現れたりもしました。そして碇シンジの名前に大胆に隠されたマーク……。

庵野監督は、とある食事の席で知人に、

「エヴァンゲリヲンって、フリーメーソンの教義が入ってますよね？」

とたずねられ、

「そうですよ」とあっさり答えたそうです。

監督は、なぜフリーメーソンの教義を潜ませたのか。

『20世紀少年』の浦沢直樹氏にしても、いい意味でメディアを使った洗脳をしてくれているなら、いいのですが……。

信じるか信じないかはあなた次第です。

●トモダチ（コミックス第20巻ジャケットより）。

ONE PIECE

『ONE PIECE』といえば、みなさんが真っ先に思い浮かべるのは〝悪魔の実〟でしょう。食べると特殊な能力が身につくというものです。また、大人気マンガだけに、いろいろ都市伝説がありますよね。

〝黒ひげ〟ことマーシャル・D・ティーチが、実は三つ子だったという説や、もとは動物系(ゾオン)の能力者だったという都市伝説は有名ですよね。いろいろ説があると思いますが、マーシャル・D・ティーチはもともと三人いて、それをワポレにくっつけてもらい、**マーシャルはヤミヤミの実を食べ、ティーチはグラグラの実を食べ、そしてDというのがこれからドラゴンの能力を食べる人、**という話も聞きました。

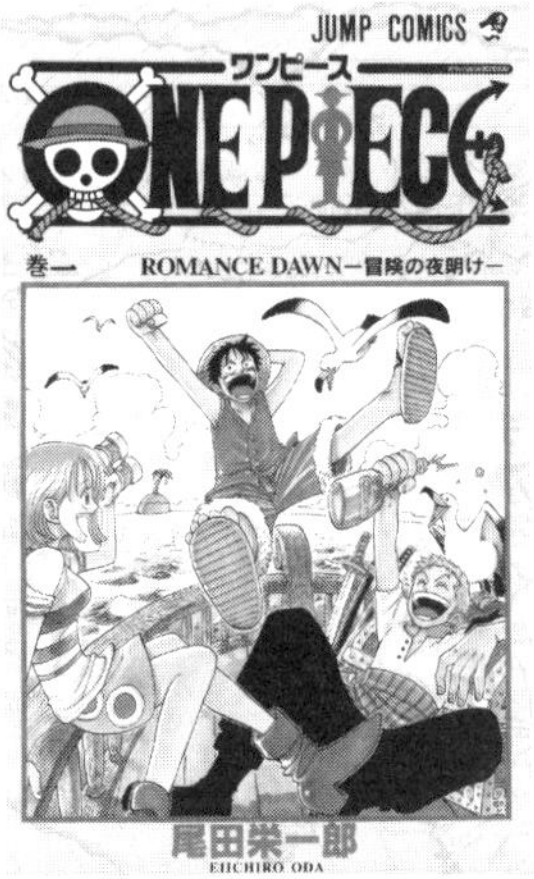

『ONE PIECE』
尾田栄一郎著。1997より『週刊少年ジャンプ』誌上に連載開始され、単行本の累計発行部数2億部に迫る国民的マンガ作品。主人公の少年モンキー・D・ルフィが海賊となり、仲間を集めながら海を渡って海賊王を目指す海洋冒険ロマン。1999年にはテレビアニメ化、さらに、2000年には映画化され、2009年12月に公開された劇場版最新作『ONE PIECE FILM STRONG WORLD』は、興行収入48億円のメガヒットを記録した（写真はコミックス第1巻ジャケットより）。

『ONE PIECE』の〝悪魔の実〟にまつわる話では、ルフィ、ゾロ、ナミ、ウソップ、サンジ、チョッパー、ロビン、フランキー、ブルックに続く仲間は誰か？　というのも巻で話題になりました。**能力を一〇までの数字で表すと答えが見えてくるというものです。**ルフィ（ゴムゴムの実）は五と六、チョッパー（ヒトヒトの実）は、一と一〇。ロビン（ハナハナの実）は八と七。ブルック（ヨミヨミの実）は四と三。この中でまだ出てない数字は二と九。つまりニキュニキュ（二と九）の実の能力者・くまが仲間に入るのでは？　というものでした。

また世界政府が、実は闇の組織のことであるというのも耳にしたことはありますか？　バーソロミュー・くま（パシフィスタ）、つまり人間兵器。そして、それを管理している戦桃丸の前掛けには、６６６に目のマーク……。

兄・エースを助けるためにルフィが飛び込んだ、大監獄インペルダウンというのがありますが、そのモチーフのひとつになっているのは、**ナチスドイツによる毒ガスでのユダヤ人大量虐殺だという話があります。だから獄長のマゼランが、「毒の実」なんだと言います。**格好をみれば、ナチスの親衛隊であることは一目瞭然ですが。

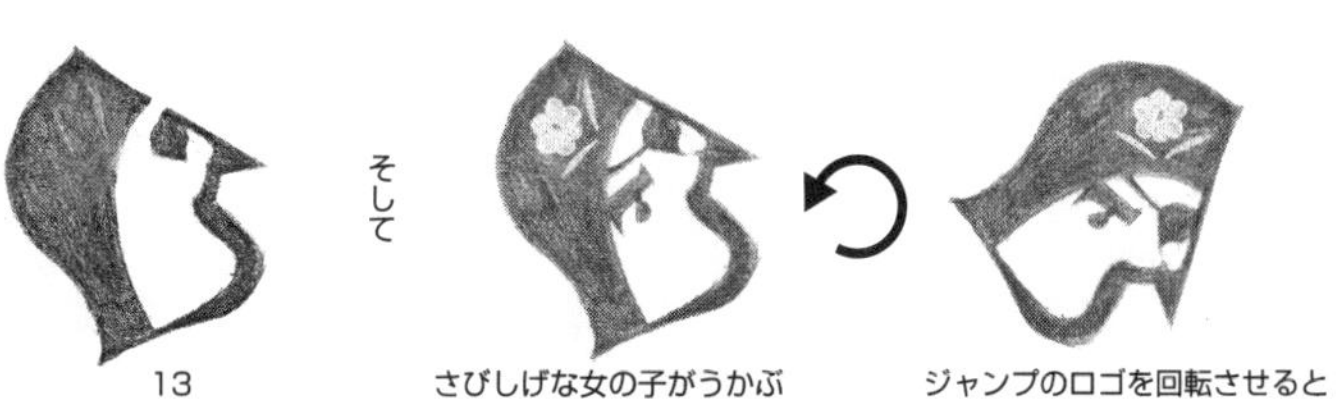

ジャンプのロゴを回転させると
さびしげな女の子がうかぶ
そして
13

そこから見事に脱獄した、Dの一族であるルフィ。

この〝Dの意志〟についても、いまだに様々な噂がありますよね。よく言われているのが、Dはアルファベットのではなく、**半月の形**というものなどありますが、私が聞いた本当のDの意味とは、Davi……おっと、今回はここまでにしておきましょう。


その代わりに私の知り合いのアニメ関係者、O(オー)君から聞いた話をひとつお話します。

あなたは『最後の能力者』という話を聞いたことはありますか？

さきほど新たな仲間に二と九のくまが、という話がありました。実際に二と九のくまが仲間に入るかどうかは分かりませんが、まだ数字は残っています。

それは〇(ゼロ)です。

〇(ゼロ)はよく見ると、まん丸のお月様です。そして〇(ゼロ)は『無』。また新たな始まりを意味し、それをねじると……メビウスの輪（∞）。無限を現すマークでもあります。

すなわち、〇(ゼロ)と〇〇(ゼロゼロ)の能力者＝時空を操る能力者です。

しかも、このキャラクターは、もうすでに出てきていると言うのです。一体誰なのか？

分かりますか？

それは黒ヒゲです。無という闇の中で、グラグラの実によって空間にヒビを入れたら何

が起こるか？　そう、ビッグバンが起こり、時空が出来るのです。

ですから、グラグラの実は地震といっても、空間にヒビを入れる必要があったそうです。また、黒ヒゲの海賊旗が示す3つのドクロは、〇（ゼロ）と〇〇（ゼロゼロ）を表していると言い、**そして最後、なんと黒ヒゲが仲間になるというのです。**本当に黒ヒゲは仲間になるんでしょうか。そして気になるラストは？　ONE　PIECEとは何なのか？　すでに私の耳にもいろいろな『ONE　PIECE』に関するウワサが入っています。

なにせ漫画史上に残る大ヒット作品ですから、読者のみなさんも予想が楽しくて仕方ないはずですよね。尾田先生には、これからも頑張ってほしいと思います。応援しております。

信じるか信じないかはあなた次第です。

地球を見つめる目

地球を眺めるって、どんな気持ちなんでしょう。もちろんこんなことは宇宙飛行士にでもならない限り、無理な話です。しかし最近はインターネット上で、まるで宇宙から地球を見るような疑似体験が出来るようになりました。ここではみなさんご存知の、グーグルアースについてお話ししましょう。

二〇〇五年に登場したバーチャル地球儀ソフト、グーグルアースは、**もともと世界の軍事施設を監視するために開発された軍のソフトだった**という話、聞いたことありますか？軍で使うようなソフトなら、本来は機密とされて、一般の人が使えることなどないはずです。では一体なぜ、グーグルアースは私たちが自由に使うことができるのか？　**それはもう〝お古〟になったからです。**よく「米軍の払い下げ」といって、軍の装備品を売ってますが、ちょうどそれがソフトでも行われるようになったと考えてもらえば分かりやすいで

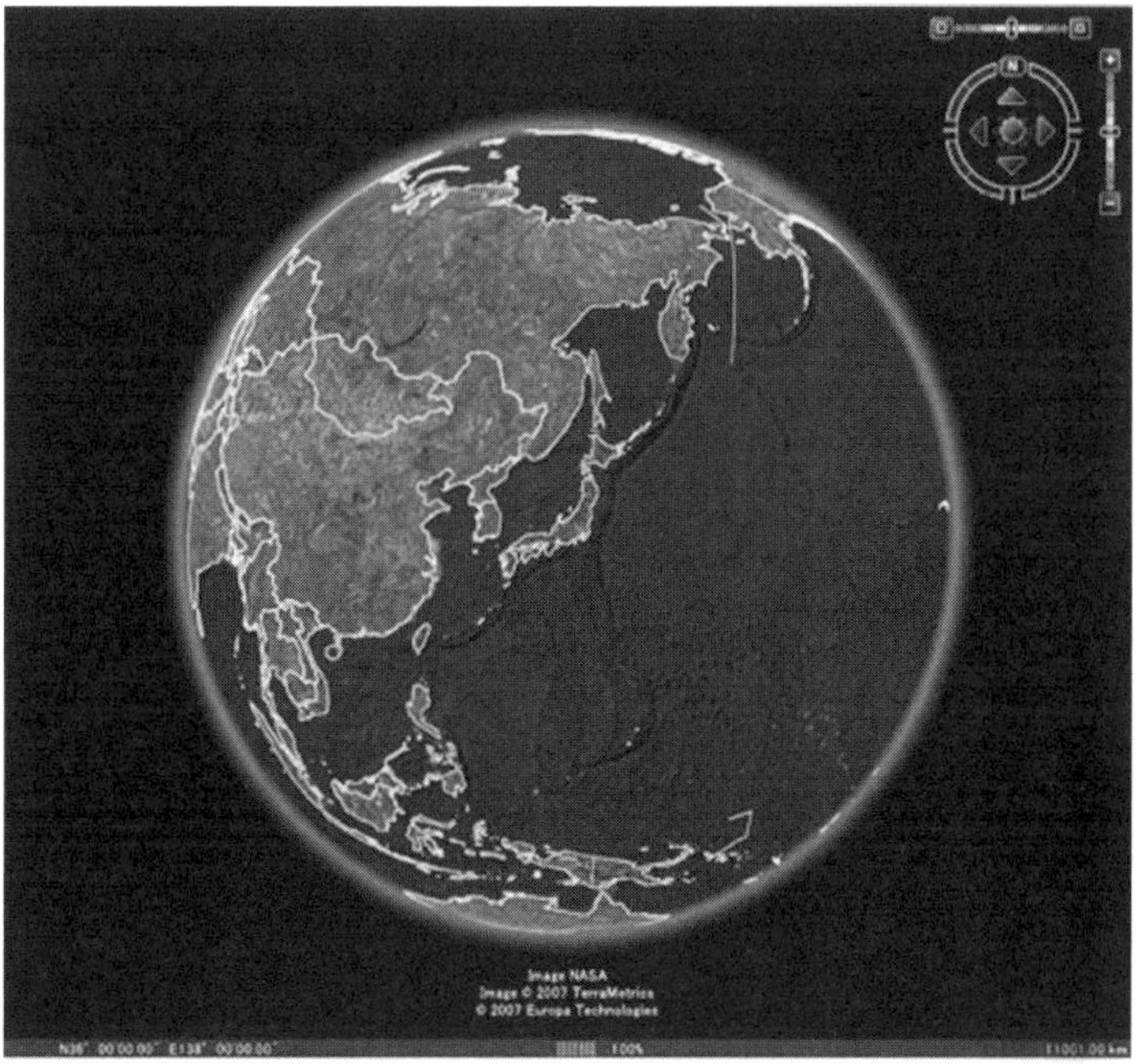

しょう。

グーグルアースが軍と密接な関係にあったのは、使ってみればすぐ分かります。例えば日本や台湾、北朝鮮の重要施設がある場所は、妙に高解像度でよく見えるようになっているのです。一方で、アメリカの重要施設にはモザイクがかけられたり、画像自体が削除されているケースもあります。アメリカ以外の国の重要施設が高解像度で公開されているのは、**「お前らのこ**

とはずっと監視していた」というメッセージでもあります。「お古でこのレベルなんだから、今の軍はどうか、分かってるな」と、あえて民間企業に公開させて、思い知らせているのです。〝軍事〟の影がチラつきますね。

では、グーグルアースのどの辺が古いのか、説明しましょう。

私が聞いた話によると、**グーグルアースのような技術で監視していたのは二〇年前の話だそうです。**使ってみれば分かる通り、グーグルアースは「静止画」でしか見れません。しかし現在の偵察・監視衛星は、リアルタイムの動画はおろか、移動している車のナンバーにピタリとピントを合わせ、読み取ることまで出来るというのです。

さらにサーモグラフィー機能も併用して、建物の中の人数を把握出来るばかりか、**建物を一切傷つけることなく、中にいる人間だけを蒸発させてしまう兵器まであると**か。アメリカ軍は一九九一年の湾岸戦争の頃にはすでにこうした兵器を**すでに開発し、使用していた**という話です。

我々は驚きと新鮮さをもってグーグルアースを迎え入れましたが、どんどん技術が進化する中、軍にとってグーグルアースレベルのソフトは、すっかりいらなくなっていたのです。

そもそも**インターネット自体、軍事目的で作られたものだということは、皆さんよくご存知でしょう。イルミナティの本部があるアメリカの国防総省（ペンタゴン）。**原型が一九六九年に開発され、開発の中心にいたのは我々消費者の手元に〝商品〟として届き始めたのは、それからおよそ二〇年後の話です。**我々は「新商品」として受け取りましたが、実際は軍の「お古」だったのです。**グーグルアースだけでなく、これからも民間に払い下げられるソフトが出てくるかもしれません。それが**殺人兵器でないことを祈るばかりです。**

ところでみなさん、「月の裏側にUFOの基地がある」という都市伝説を聞いたことがありませんか。月の裏側に実際に基地があるかはここでは触れませんが、私が聞いたところによると、**実は月の表側に堂々と基地が存在している**と言うのです。

もちろん月の表側は、地球からいつでも天体望遠鏡で確認できます。でも、「基地があった！」なんて話、出てきませんね。これは保護色を利用し、表面にバリアを張って、基地を隠しているからだそうです。現在の技術レベルを考えれば、月にそういった施設があっ

● ARPANET（アーパネット）
インターネットの原型。DARPA（ダーパ　アメリカ国防総省の国防高等研究計画局）の指揮の下に開発された。

たとしても驚かないでしょう。と同時に、**なぜアメリカが他の国に月面着陸させないか、分かりましたか？**

さて、ここで思い出してください。グーグルアースはどこからの視点ですか？　まるで月からの視点ではないですか？

そう、**実は月そのものが〝監視衛星〟だと言うのです。**一体、私たちは何年前から監視され、覗かれていたのでしょうか。

グーグルアースで宇宙から地球を覗いた気分になっていたあなたこそ、実は覗かれていたのです。

信じるか信じないかはあなた次第です。

飛びかかる火の粉

少し前から、ネット上で政治や世界情勢の裏側など、真実を書いたり、動画配信している人間が、なぜか謎の失踪をしているそうです。

インターネットというのは便利です。しかしなぜ私たちに、もともと軍事用だった物を手にさせたのか。その理由を考えた方がよさそうです。

現在、国を動かしているのは〝革命〟を起こして〝力〟を手に入れた組織と、その流れを汲む者たちです。

革命で力を手に入れた者が、最も恐れること。**それは再び革命が起こり、自分たちの力が奪われることです。**日本でいえば、明治維新は完全な「革命」でした。現在、力を握っているのは、明治維新を機に表舞台に立った人の流れを汲む人ばかりです。

では支配している権力者が、革命を防ぐために何をやるか。**それは〝危険な芽〟が成長**

する前に、出来るだけ早く摘み取ることです。ではどうやって、広い世界の中から〝危険な芽〟を探すのか。

そこで**最高に便利なツールがインターネット**なのです。個人がどんなサイトを見たか、書き込みをしたか、検索をしたか……その内容を通して、その個人の人物像を知るのです。

これを読んでいるみなさんの中にも、興味本位で秘密の組織の名を検索したり、それにコメントしたことがある人もいるかもしれません。ネットでは、言葉を打ち込んだときに、その情報がすべて支配する側に伝えられます。

そのとき、〝キーワード〟に設定されている言葉を踏んだ人間は、きっちりとマークされるようになるのです。

支配する側は、降りかかる火の粉、ならぬ、飛びかかる火の粉は消しておけ、なのです。

そして今よりも人口を少なくし、自分たちの言いなりになる人間のみを残します。

「周りも書き込んでいるから、私も大丈夫」そう思っている人、すべてアウト

根こそぎ消してしまう考えです。

これこそがインターネットを普及させた大きな理由のひとつです。そのためにそれぞれにIDを持たせ、その人の言動を常に監視し、キーワードを踏んだ人間は、その日が来たときに、消されるのです。

これは世界人口調整を兼ねた、浄化作戦のひとつなのです。

信じるか信じないかはあなた次第です。

火がついてる奴がほしい
火がついてない奴はいらない
火がついてる奴だけがほしい
ラッキーラッキー
ラッキー
アンラッキー
鏡花水月
ビッグバン
かくれミッキー
全部で何個だ…
6+6+6
こたえ 18
○と○○
ゼロとゼロゼロの
マイクロチップが入ってる人から検索されるカードって
赤ちゃん
最初に無限を通して
666
悪魔の実を食べている人がいる
キャリー
サマンサ
タバコの白販機にみえて実は監視カメラ
ミランダには特にありません
シャーロットは夢の中……
グラバーとイギリス?
それともどこ?
海援隊のはた
これをもちーフにしている
会社は 666
ププププ
援
さかもと龍馬はどこへ行ったか分かったかな?
イギリス
それとも…

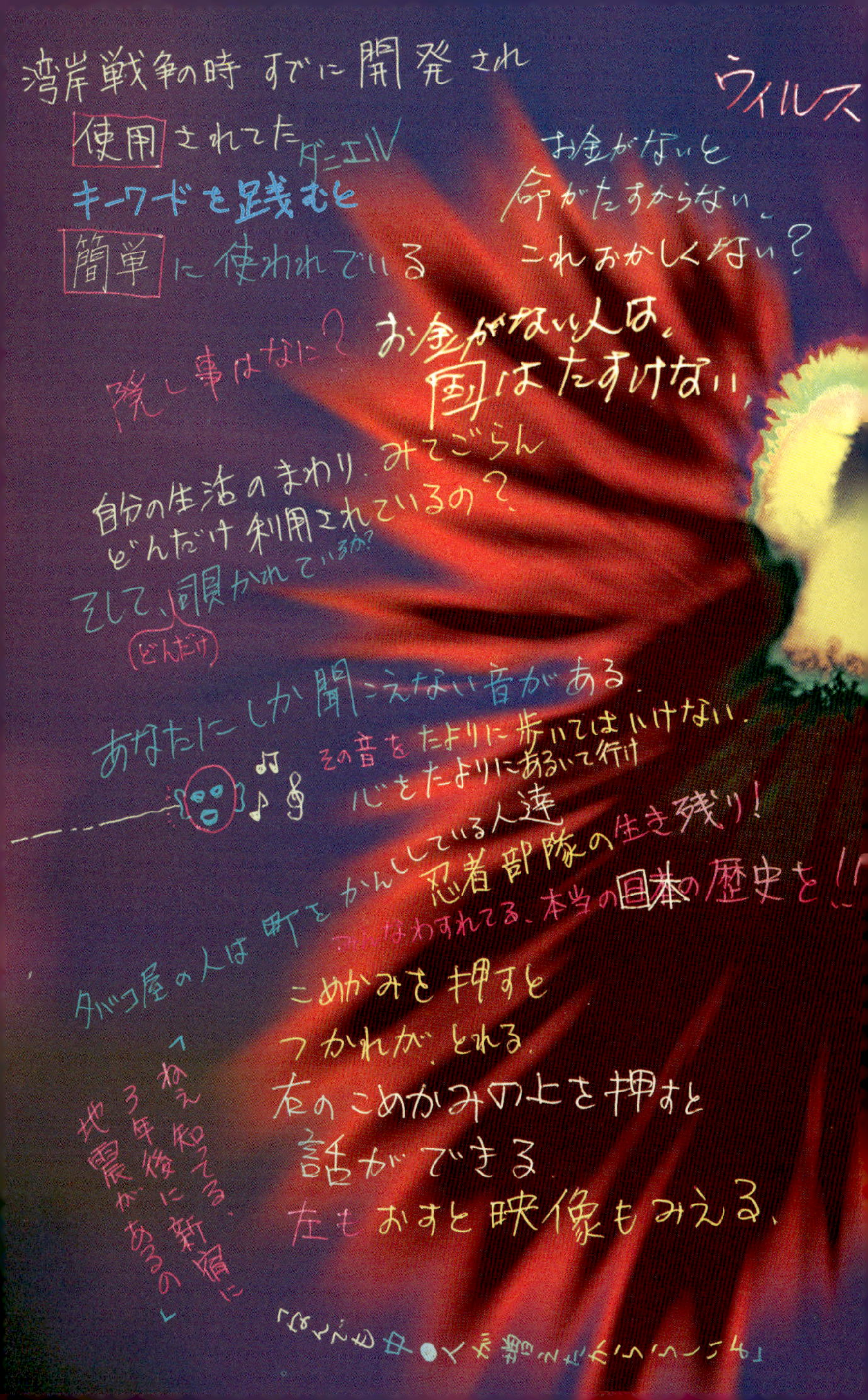
湾岸戦争の時すでに開発され
使用されてた
ダニエル
キーワードを踏むと
簡単に使われている
ウィルス
お金がないと
命がたすからない。
これおかしくない？
隠し事はなに？
お金がない人は、
国はたすけない。
自分の生活のまわり、みてごらん
どんだけ利用されているの？
そして、覗かれているか？
（どんだけ）
あなたにしか聞こえない音がある。
その音をたよりに歩いてはいけない。
心をたよりにあるいて行け
タバコ屋の人は町をかんししている人達
忍者部隊の生き残り！
みんなわすれてる、本当の日本の歴史を！！
こめかみを押すと
つかれがとれる。
右のこめかみの上を押すと
話ができる。
左もおすと映像もみえる。
＜ねえ知ってる、3年後に新宿に地震があるの＞

鏡花
水月

ニャー

99%の努力と1%の閃き!
あなたはどっち?

99%の努力とそれを上回る1%の閃き!

人前では言えない本当の私

あなたはどのタイプ？

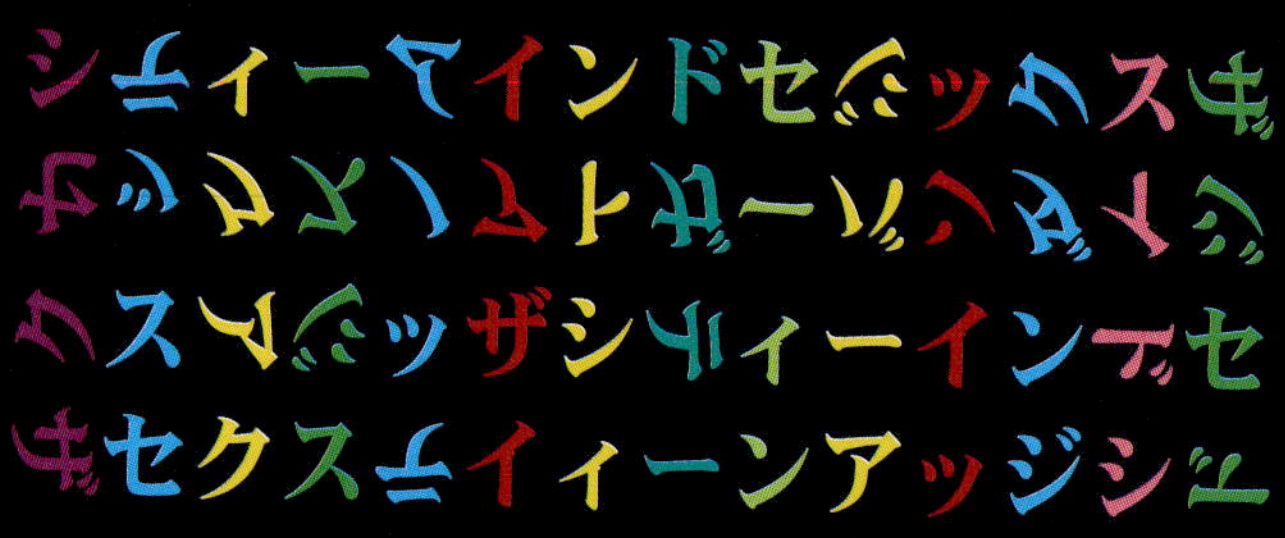

解読できるかな？

ヒントは
女の子なら常に持っているもの
を使います。わかりますか？

答えは後ほど

女の子に問題です。

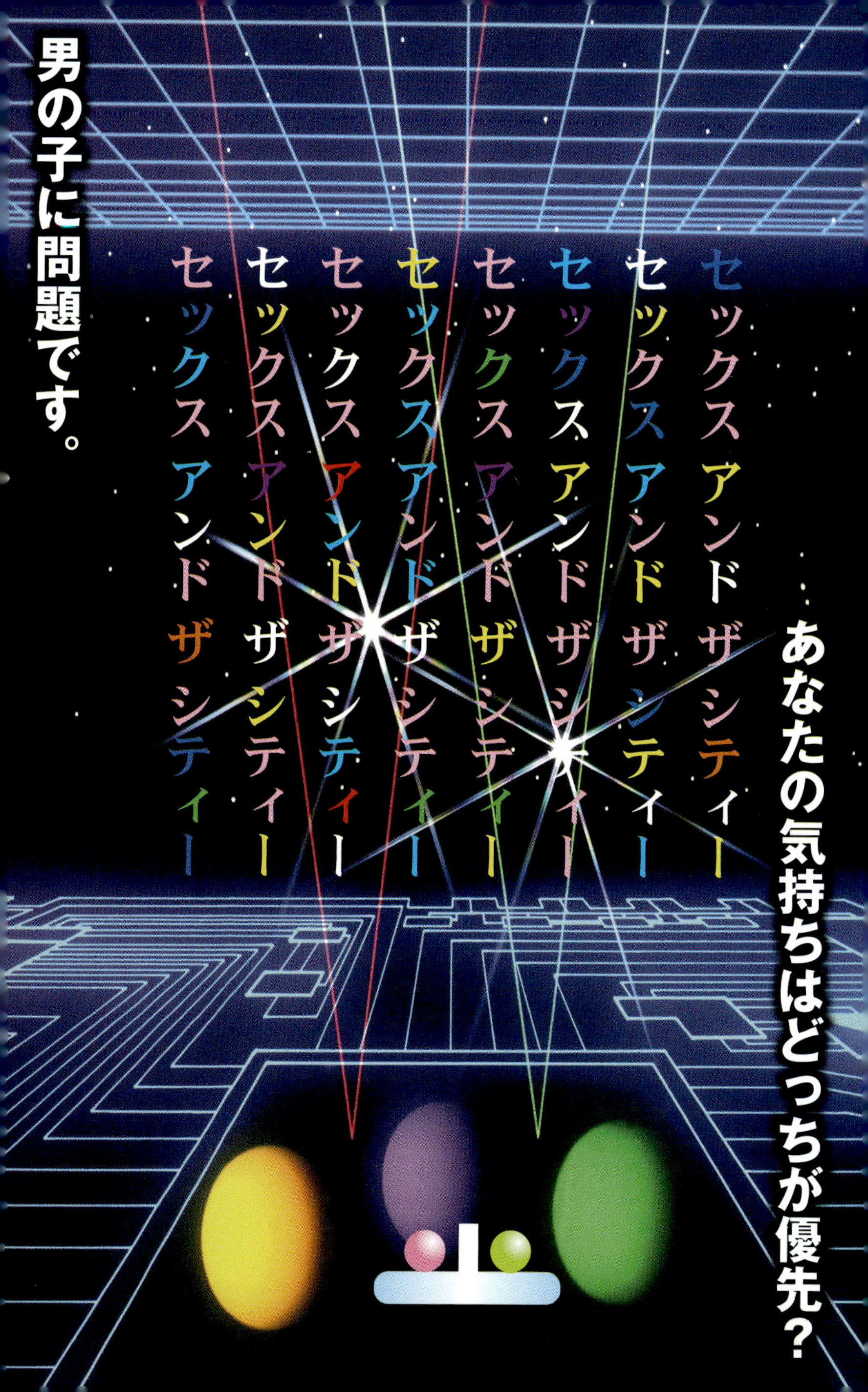
あなたの気持ちはどっちが優先？
セックスアンドザシティー
セックスアンドザシティー
セックスアンドザシティー
セックスアンドザシティー
セックスアンドザシティー
セックスアンドザシティー
セックスアンドザシティー
セックスアンドザシティー
男の子に問題です。

前ページの解答

女の子用

鏡を使って見るのです。

「いや、セックスする前だ」
と思った人。
シャーロットタイプ
純愛主義でお嬢様指向。

「いや、最中だ」と思った人。
サマンサタイプ
自由奔放 セックスに積極的。

「後も前も最中も大事」と思った人。
キャリータイプ
恋愛至上主義。

「女の方が好きだ」と思った人。
ミランダタイプ
器がでかい。

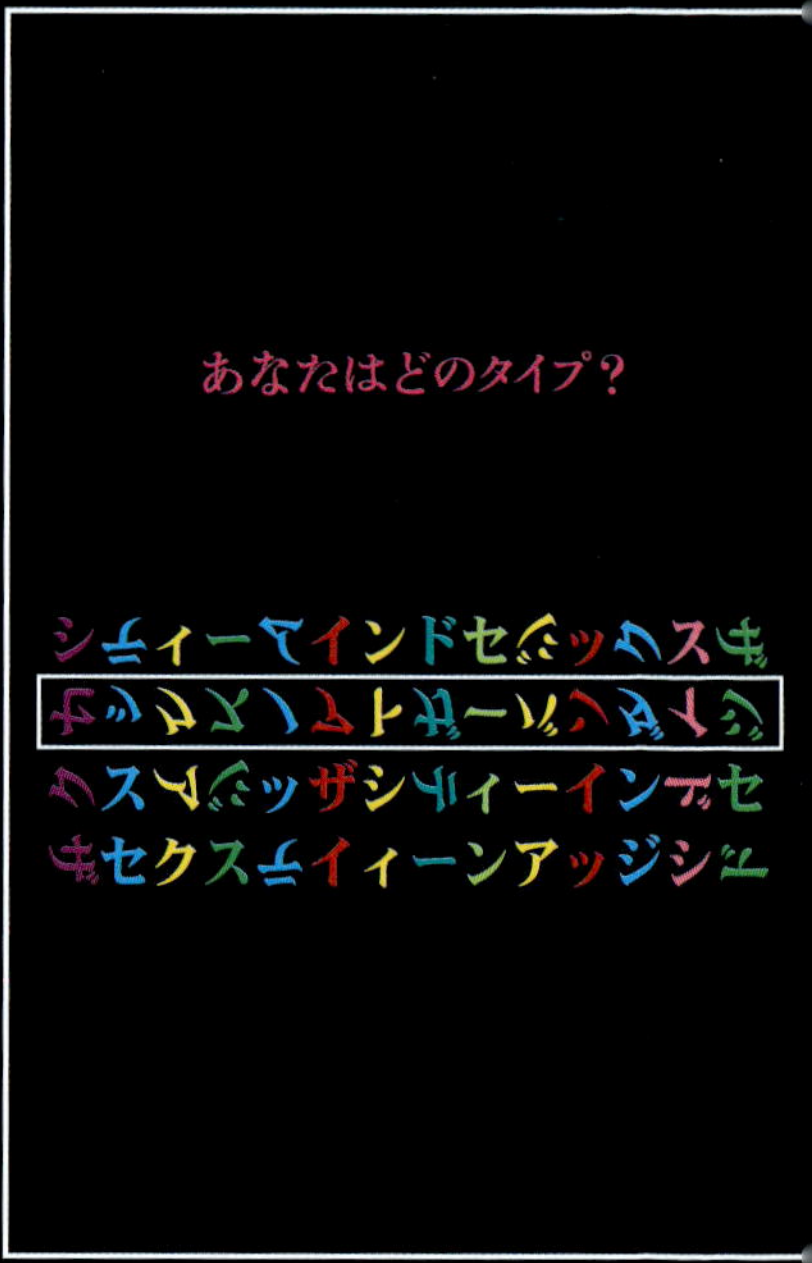

男の子用

あなたには一番上に
「愛」が見えますか？
「セックスシテー」
それは下心です。

LIBE
HAPPY WEDDING!
BOYS & GIRLS!
3Dエロス,PRESENT FOR YOU!
SEKIELBERG PRESENTS...
SEX AND THE CIT
Sekiel Berg CaFe
Sekiel Berg CaFe
Sekiel Berg CaFe
Sekiel Berg CaFe

セックス・アンド・ザ・シティーギャラランキング

ギャラ・ランキング。栄えある第一位は第二章でも言いましたが、主人公キャリーの四五億円です！

身のこなしからファッションまで、何もかもがかっこいいキャリー。ファンにとっては、彼女は憧れの的ですよね。

では、最もギャラが割高なシーンはどこだと思いますか？　ヌードやベッドシーン？　いやいや、それはなんとタバコを吸うシーンなのです。彼女がタバコを吸うシーンをみて、どんな風に感じますか？　もしかしてカッコイイと思いましたか？　マネて吸い始めてみたとか？　だとすればスポンサーの思惑どおりです。実はキャリーは、とっくの昔にタバコはやめています。役柄として吸っているにすぎないのです。体を張って稼いでいるわけですね。『セックス・アンド・ザ・シティ』の舞台になっているニューヨークでは、タバコをやめられない人は太っている人と同じように、自己コントロールが出来ない人間とみなされ、文字通り煙たがられるわけです。

さて、キャリーがタバコを吸うシーン。その一服はいくらなのか？

この広告費が馬鹿になりません。なんとワンカット三〇〇万円と言われているのです。実は『セックス・アンド・ザ・シティ』の中で、最も割高なギャラなのです。いったいキャリーがタバコを吸うシーンは何カットあったんでしょうね。

ではヌードやベッドシーンはそれより安いかといえば、そうではありません。それはあらかじめギャラに上乗せされています。つまりタバコは吸えば吸うほど、もともとのギャラに上乗せされていくわけです。とはいえ、こんな待遇はハリウッドのトップクラスに躍り出た彼女だからこそです。

さぁ気になるギャラ・ランキング。お次は……ドコドコドコ……ジャンッ!!　サマンサの三二億円！　さすが大物ですよね。これは『ターミネーター2』の時のシュワちゃんと同じ額です。また、ファンの方の中には、前回の映画版パート1の時にギャラ交渉で、サマンサがゴネたことで、制作が大幅に遅れたというエピソードを聞いたことがあるでしょう。

しかしこれは、話題づくりのために制作側がわざと流したウソなのです。サマンサは利用されただけなのです。制作が遅れた理由。実は別の人のギャラ問題があったからで、実際には彼女はとても気持ちよく契約書にサインしたといいます。そして素顔の彼女はとてもシャイで純粋な人だといわれています。『セックス・アンド・ザ・シティ』を盛り上げるため、プライベートでわざと若い男とのスキャンダルを流すなど、キャリーのタバコ同様、彼女も体を張って映画を盛り上げているのです。

話題づくりのために、プライベートすら売り物にする。ハリウッド女優とはいえ、なかなか出来ることじゃありません。アメリカはもちろん日本で、世界中で、彼女の奔放なイメージが定着するわけです。制作者サイドも視聴者も、どうしてもその印象でしか彼女を見られなくなる。そうすると『セックス・アンド・ザ・シティ』以降に来る仕事は、どうしても役柄が限られてしまいます。そういう意味では、このくらいもらって当たり前なのかもしれません。

さてお次は……ドコドコドコ……ジャンッ!! ミランダの三〇億円です！ 彼女は四人の中でも一番の変わり者といわれています。例えば食事のシーン。彼女はものを噛む音がクチャクチャと異常に大きいらしく、何度もNGになってしまうそうです。そのせいでドラマでも回を追うごとに食事シーンが少なくなっていき、結果的に彼女の収録時間は四人の中で一番短くなっています。

収録時間が短くなっても三〇億とは、スゴイ話ですが、実はミランダに最初に提示された金額は二五億だったそうです。なぜアップしたのでしょう？

実は彼女はもともとバイセクシャルでした。一度結婚していて子供も二人もうけています。しかし、どちらかというとレズっ気のほうが強かった彼女は、二〇〇三年に離婚して以来、決定的な男嫌いになり、完全なレズビアンになったのです。二〇〇九年には女性のパートナーと婚約しています。

そんなミランダですから、映画パート1の際に、脚本の時点で、ベッドシーンをカットするように猛烈に訴えたといいます。どうしても男と絡みたくないというわけです。

しかし本来は、同じベッドシーンでも、バストトップNGのキャリー、シャーロットに対し、サマンサとミランダはドラマの放送開始当初から、なんでもござれのキャラ。こういった演出上の都合のために、彼女の訴えは届かず、映画パート1ではベッドシーンが収録されることになったのです。

その頑張りが考慮され、映画パート2のギャラに、五億が上乗せされたというわけです。

耳元に男の吐息がかかるだけで気を失いそうになるというミランダ。体を張っている彼女に三〇億という金額は妥当なのかもしれません。

そして最後は……シャーロットの三五億円！ なんと彼女は、主人公のキャリーに次ぐ、二番目に高いギャラをもらっていたのです。ハードな濡れ場を演じるサマンサよりも高いわけです。ちょっと不思議ですよね。

なぜかというと、第二章で紹介したように裏メッセージを託され、体を張っているからです。彼女は役の上で、結婚を機にユダヤ教へ改宗していますよね。日本人にはあまりピンとこないかもしれませんが、アメリカではたとえ役の上であっても、宗教は非常に繊細な問題になってきます。キャラクターに宗教色がつくと、その後の出演作品にも大きな影響が出てくるのです。そういったリスクを背負っているぶん、ギャラを上乗せされているんですね。

そして、先ほども言った「ギャラ交渉で映画版パート1の製作が大幅に遅れた」というエピソードの〝ゴネにゴネた〟真犯人は彼女だったのです。しかし役柄上の、純愛主義でお嬢様なイメージを守るため、公表は出来ず、自由奔放でイケイケな役柄のサマンサが、身代わりになったのです。

ちなみにお嬢様キャラを演じているシャーロットですが、プライベートでは正反対だとか。二〇代の頃は、男漁りとアルコール依存症でボロボロだったと言います。現在も某有名CMプロデューサーとハートマーク……なんて噂もあります。地味にみえる人ほど実はウラでは遊んでる、というカンジでしょうか。

信じるか信じないかはあなた次第です。

当店では、妊娠中の方の喫煙はご遠慮いただいております。禁煙ストローでお飲みください。
Non Smoking Straw
For Pregnant Woman
Sekiel Berg CaFe
Cleen
Kin-en Straw

Bed no naka de
Banana
Hageshii
Honey
Fuck wo
Flavor
ドリンク
抑えきれない
性欲
を解放する
with
Sekiel Berg CaFe
Samantha
LOVE ドリンク&ローション♥

Sekiel Berg CaFe
Sekiel Berg CaFe
Skin
For Lesbian
ご利用は計画的に。

DREAM GIRL
MACHINE
—秘密の花園—
このドリンクを飲んであなたも夢の中へ…
Sekiel Berg Cafe
Sekiel Berg Cafe
※男性用個室も用意してございます。

ナニヲスルンダ！
大変だ！
アきおが命を吹き込んだ！
Bill Monroe's
GOOD PLAY?

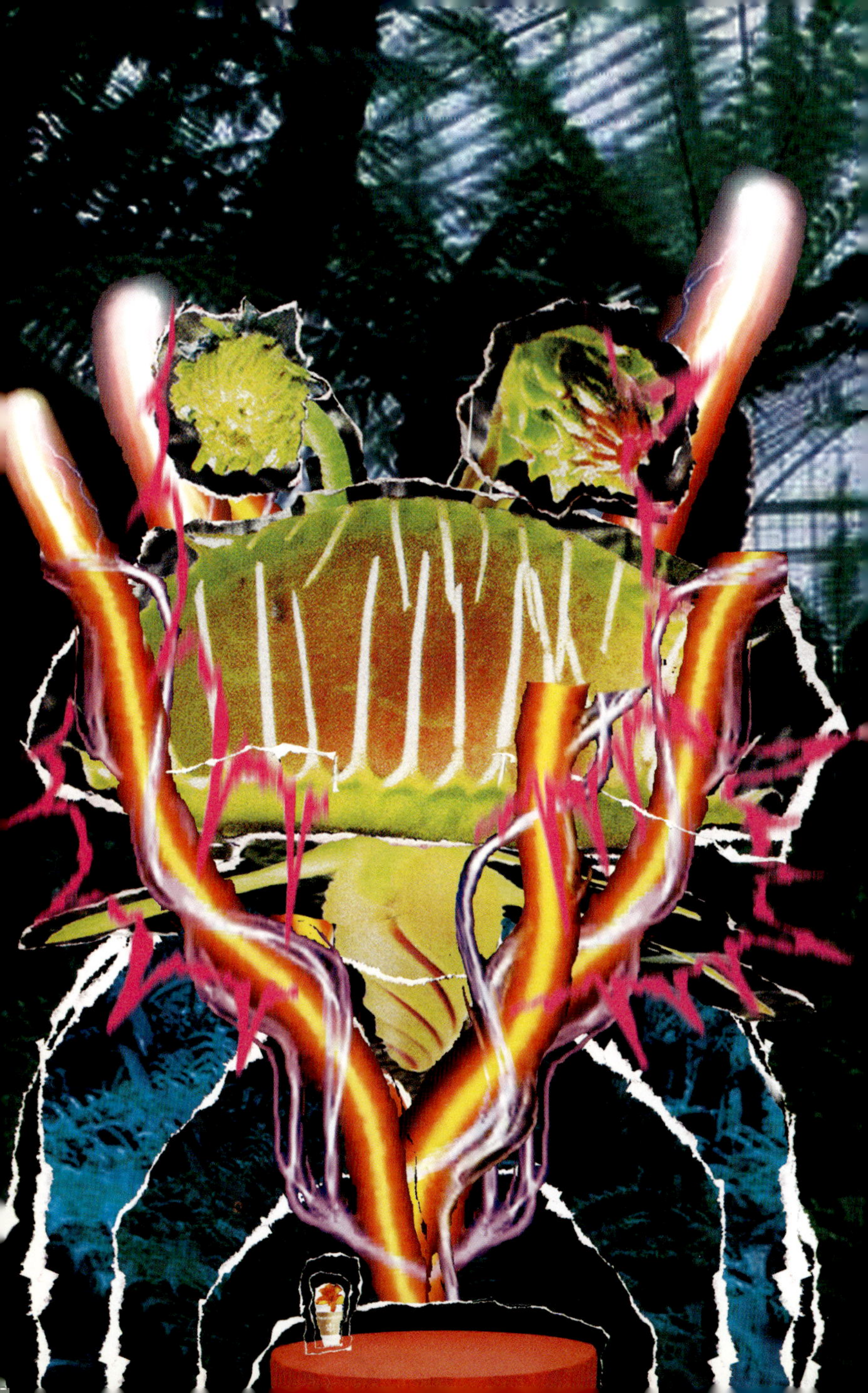

女の子用

DON'T TOUCH!

DON'T TOUCH!

上の四枚の写真は
花の
雄しべと
雌しべの
拡大図。
決していやらしい写真ではないのだ。
人間のDNAの中に
植物のDNAが
組み込まれているのだ♥

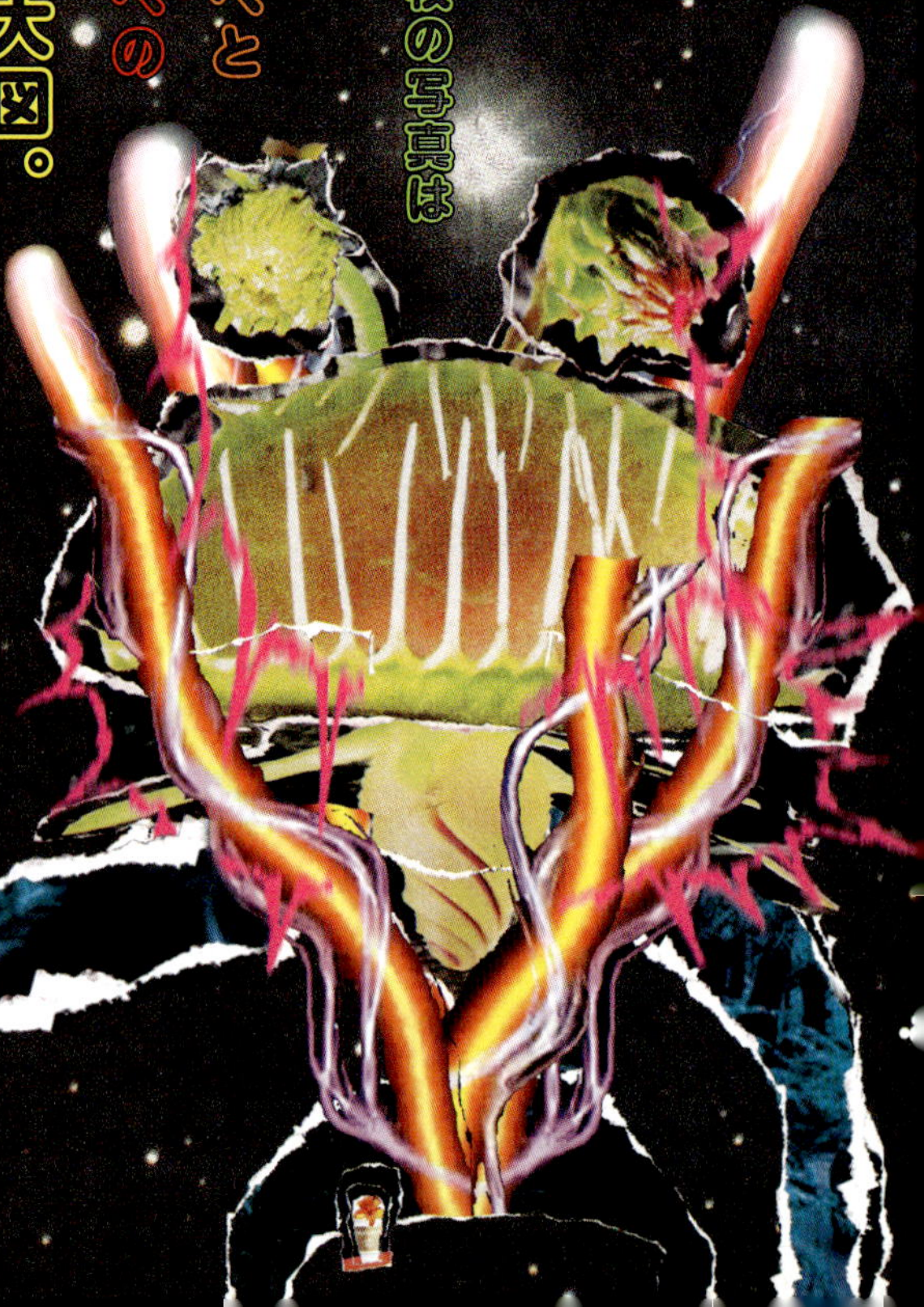

男の子用

DON'T TOUCH!

DON'T TOUCH!

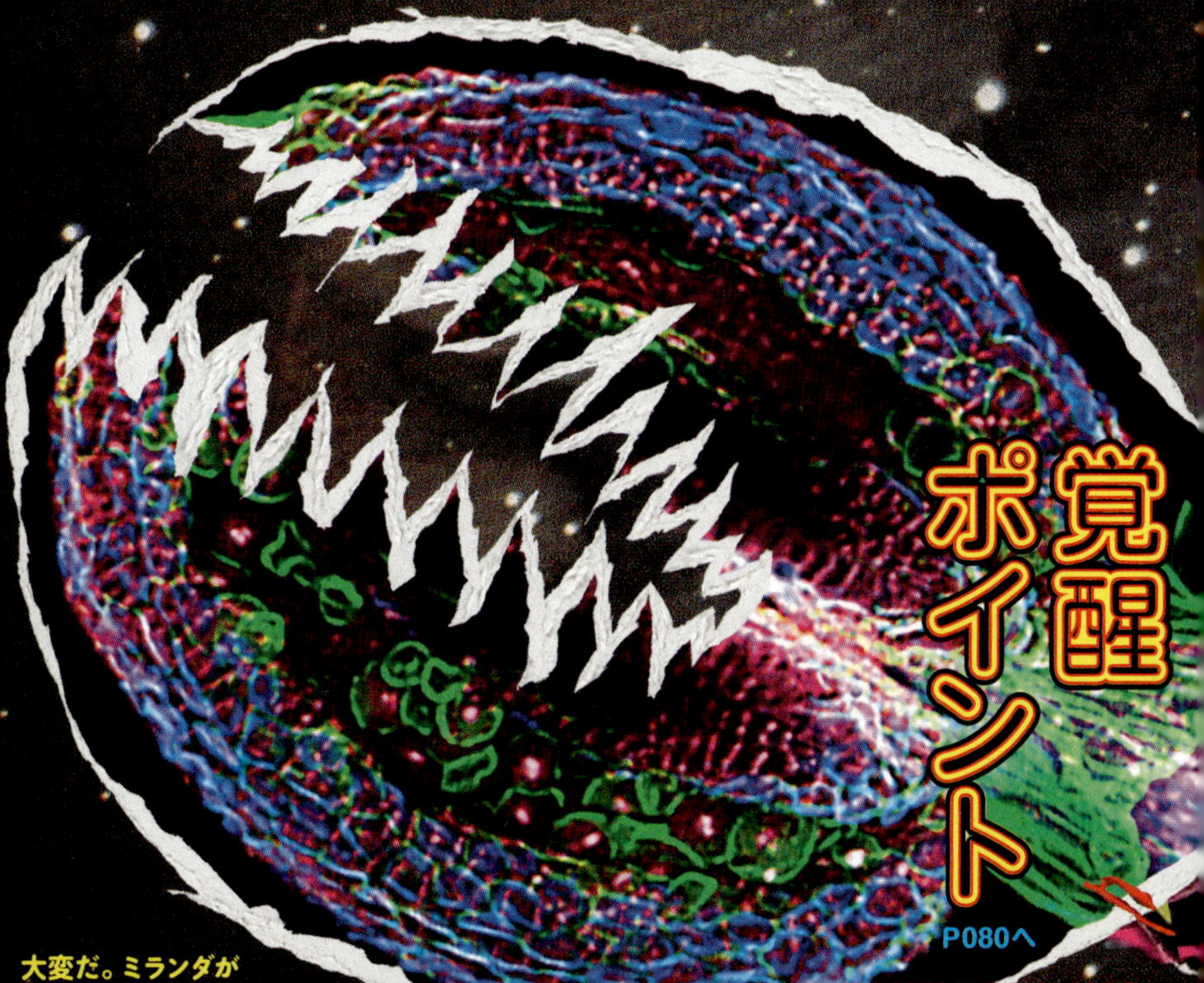

覚醒ポイント

P080へ

FUNNY PLAY?

大変だ。ミランダが
金玉にぶらさがってるよ。

FLOWER
スティーブン
セキルバーグの
FLOWER
FLOWER

The タンポポ物語

7

ひまわりは常に太陽に向かって咲く花
常に心に太陽を持ろ
ポジティブに
前進
あるのみ!!
いつも前向きに誰よりも熱く生きる
ラッキー
Bill Monroe's
Bluegrass Hall of Fame
and Museum
Music Valley Drive
Nashville,TN

カーネーションは
〝思いやりの心〟が
咲かせる
感謝の花
産んでくれた
〝母に感謝〟
〝命に感謝〟
思いやりを持って相手と接し感謝する事が大事
ラッキー

薔薇と
愛はちがう
愛は真ん中に
心があるもの
薔薇は
愛を盛りあげる花
"Rose と Love"
なら
いいけどね♡
あなたの全ての始まりに 愛がありますように
ラッキーラッキー♪

いつか、
ワタゲのように
親から飛びたっても
忘れてはいけない
ものがある
それは
〝親〟を
大切に
守ること、
大切なも

この四つの花が心にある人には見付けられるという。

ピンクの
四つ葉のクローバー
これは
遺伝子操作された
ものではなく
〝神〟がきまぐれで作った
産物なのです。
一体どこに咲いているのか?、
それは妖精がいるあの神社

妖精と出会える神社

みなさんは**大宮八幡宮**という神社をご存知でしょうか。
テレビでこの神社の名前を出した時、上から「ピー」音が重なって、名前が分からなくなっていました。
その理由は、ここが**いろんな形の幸せを運ぶ妖精がいる、**知る人ぞ知る神社だから。妖精の意味を知らない人たちが興味本位で集まるのを避けるためです。
この本を読んでいる人は**心のキレイな人**ばかりだと思うから、特別に教えちゃいましょう。

大宮八幡宮は日本の首都である東京都のへそ＝中心、**ゼロポイント**にある特別な神社です。
ゼロは無、そして**新たな始まり**を意味します。新たな出会いが**ビッグバン**する都内でも特別な場所なのです。女性でいうと出産です。だからここで子宝に恵まれるように願掛けすると、妖精が特に頑張ってくれます。**生まれてくる赤ちゃん（妖精）**が宿るというわけです。

子宝だけではありません。**ここは新たに始まる場所。**だから**仕事の新たな縁**も**男女の新たな縁**も、妖精が**〝コノヒト！〟**と思えばついてきて運んでくれるのです。中にはやんちゃな妖精もいますが、もしついてきたことに気がついたら、是非かわいがってあげてください。

ピンクの四ツ葉のクローバーが
よく目撃されるポイント

なんでも、妖精を連れて帰った人は、お参りした夜に

妖精が登場する不思議な夢

を見るそうです。そんな夢を見たら、
それは妖精がいる証拠。近いうちに願いがかなうでしょう。
またこのあたりには、

幸せを呼ぶ
ピンクのクローバーも

咲いています。境内や和田掘公園、善福寺川の
周りを探してみてください。

きっとあなたなら
見つけられると思います。

信じるか信じ
ないかはあなた
次第です。

GOOD PLAY?
FUNNY PLAY?

GOOD PLAY?
FUNNY PLAY?

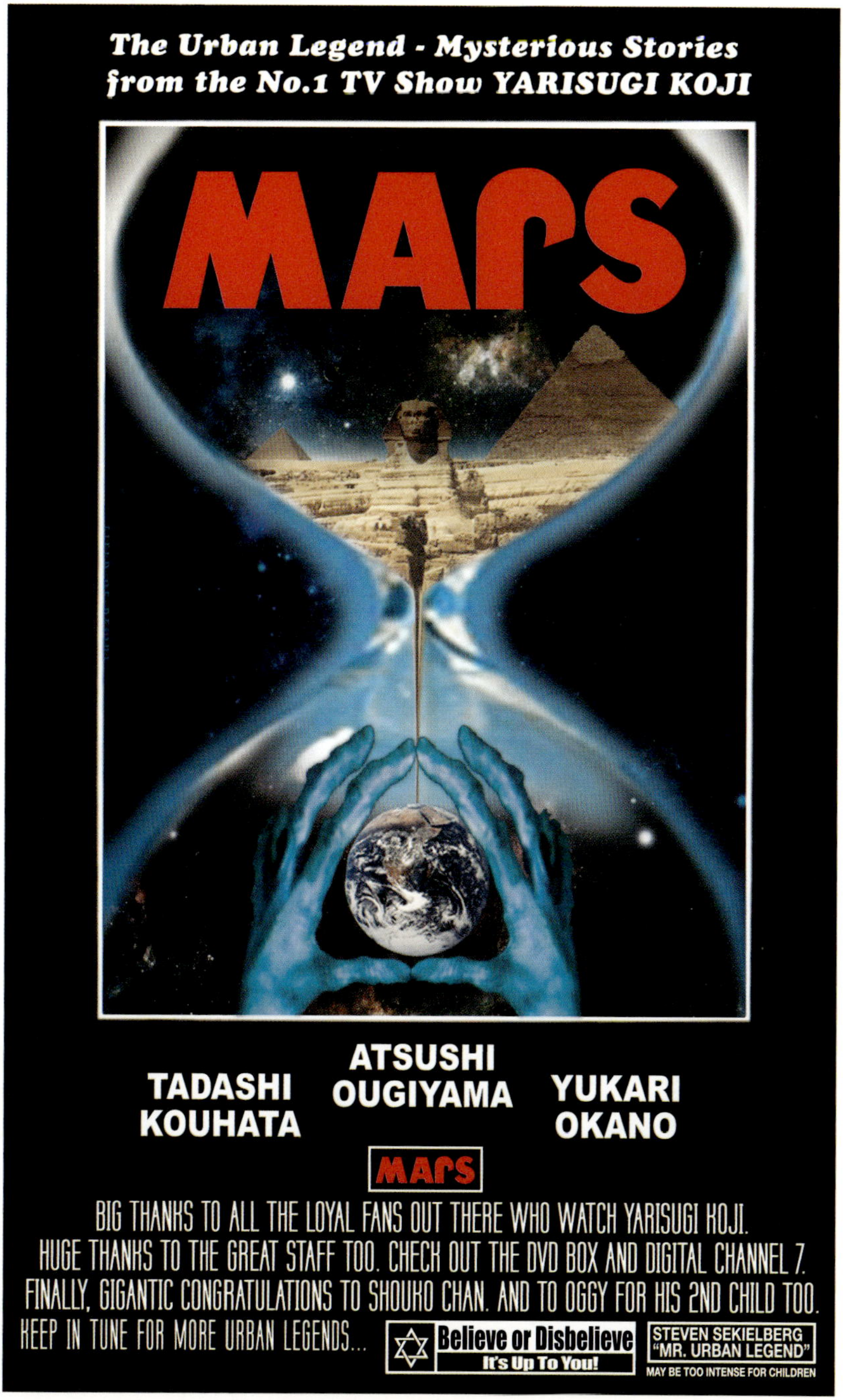
The Urban Legend - Mysterious Stories
from the No.1 TV Show YARISUGI KOJI
MArS
TADASHI
KOUHATA
ATSUSHI
OUGIYAMA
YUKARI
OKANO
MArS
BIG THANKS TO ALL THE LOYAL FANS OUT THERE WHO WATCH YARISUGI KOJI.
HUGE THANKS TO THE GREAT STAFF TOO. CHECK OUT THE DVD BOX AND DIGITAL CHANNEL 7.
FINALLY, GIGANTIC CONGRATULATIONS TO SHOUKO CHAN. AND TO OGGY FOR HIS 2ND CHILD TOO.
KEEP IN TUNE FOR MORE URBAN LEGENDS...
Believe or Disbelieve
It's Up To You!
STEVEN SEKIELBERG
"MR. URBAN LEGEND"
MAY BE TOO INTENSE FOR CHILDREN

予告

さあ　ここから話は　**エジプト**、そして　**ピラミッド**　へ進みます。

果たして人類の始まりは　**火星**　なのか　**月**　なのか？

それとも、それをも凌ぐものなのか？　あなたの常識は砕け散る。

そして、次回は死人番号の４なのか？

四次元を表す４なのか？　はたまた、それを凌ぐものなのか？

あなたの未来が　”**不安**“　です。

感じすぎないことをお勧めします。

次回『**未知なる好奇心**』乞うご期待!!

その前に第２弾を読み直して待っていてください。

STEVEN SEKIELBERG
PRESENTS
MOON
COMING SOON

あとがき

いかがだったでしょうか？
今回の第三弾！！
楽しんでいただけたなら幸いです。

ハートを持った天使は見つかりましたか？
ヒントは白いものです。

また、あなたはどこで閃きましたか？
本文中ですか？　それとも、
●禁煙ストローの上の赤ちゃん。
●サマンサ・ハチミツの中のセックス。
●覚醒ポイント。　etc……。

まだまだ他にもテレビでも言えない、
本にも書けない事を、
私なりのメーッセージとして
入れ込みましたので、
みなさん読み取ってみて下さい。

そして、「THEたんぽぽ物語」のあの写真は、
実はあなたが浮気をいち早く見抜ける人か、
見抜けない人かを知る心理テストなのです。
七コマ目のタンポポの写真を見て、あなたはどう感じましたか？
綿毛がひとつ残っているのを見て、
「勇気を出して、ほら、飛んで！」とか、
「甘えん坊だなぁ」とかでしょうか？
浮気を見抜く人は、真っ先にこう感じるそうです。
「この女、誰よ？」と。
大切なものを守るためには、時には戦うことも必要なのです。
彼氏、彼女に試してみてはいかがでしょうか？

そして最後に都市伝説です。

「幸せという字には、
"幸"が入っている。
幸　この字が読めた人は幸せになれる。」

信じるか信じないかはあなた次第です。

構成協力　華川大吉　黒柳一郎　中大輔
写真撮影　河村正和
写真協力　アフロフォトエージェンシー
インタニヤ
イラスト　大森庸平(Studio Little Helper)
地図作成　ジェイ・マップ

カバー／口絵デザイン　大森庸平(Studio Little Helper)
本文デザイン　KENYA
デザイン協力　L.S.D.

S・セキルバーグ 関暁夫の都市伝説3
幸せを呼ぶピンクの四葉のクローバー♥

2010年11月5日初版第一刷発行

著者　関暁夫

発行人　高橋一平
発行所　株式会社 竹書房
〒102-0072
東京都千代田区飯田橋2-7-3
TEL 03-3264-1576(代表)
03-3234-6244(編集)

ISBN978-4-8124-4337-8 C0076
振替00170-2-179210

竹書房ホームページ　http://www.takeshobo.co.jp

印刷・製本　凸版印刷株式会社